芄野東南民族叢書

獨龍江文化史綱

——俅人及其鄰族的社會變遷研究

下冊

何國強　主編·張勁夫、羅波　著

目次

第四章
信仰與儀式：村落社會整合的宗教因素

> 宗教信仰和儀式充當了一份加強社會成員連接的巨大功能，成
> 為傳遞文化給下一代，以及整合個人的行為規範。
> ——埃米爾·涂爾幹《宗教生活的基本形式》

　　正如莫斯等人的研究，宗教儀式通過祭司的一套儀軌操作，表達了人與神、人與人之間的交換關係，而在獨龍族社會中表現出一種互惠型的關係，在祭拜各種神靈的同時亦期望得到回報。獨龍族人生活在高山峽谷中，大部分人相信周圍的樹林和岩石由各種各樣的精靈主宰著，人類的好運和災難無不與之相關。人類對自然環境和自身在宇宙中地位的認識和思考，產生了最初的靈魂觀念和宇宙觀，它們是構成本土宗教最基本的元素。隨著獨龍江與外界交流和互動的增多，獨龍族人從外族交換中獲得生存需要的各種物資；與此同時，佛教及基督教等外來的宗教文化觀念也傳入獨龍江，並影響了當地的信仰結構。獨龍江各村所處的地理位置和與外界接觸對象的不同，導致了宗教信仰的地域差異性。不論是本土的宗教還是外來的基督教，其實都是不同宗教文化交匯融合的產物。周期性舉行的儀式活動，既是對神靈的崇拜，亦是分享食物、形塑集體意識的公共活動。對高度流動、分散的獨龍族人來說，這是一項非常重要的社會整合機制。

第一節　神靈信仰中的互惠性、禁忌及其實踐

　　一般而言，獨龍江孔當以上的人信奉的宗教中包含本土觀念元素比較多，雖然受藏傳佛教的影響，但是靈魂、鬼和天的觀念與信仰是與日常生活、生產關係最為密切的表達。他們深信人和動物都有靈魂，稱為「卜辣」；他們的亡魂則稱為「阿細」，人死後的亡魂「阿細」被送到「阿細默裏」這個地方歇居。天有九層和十層之說[1]，人、鬼、鬼的頭目分別居住在不同空間裏，但是鬼可以下到人間賜福或作祟。火塘是連接天和地的地方，也是天的最底層。不論是基督教徒還是崇奉本土神靈的非基督教徒，他們都相信存在一個主宰世間萬物的至高神，獨龍族人稱之為「格蒙」。它既能庇祐、賜福於人世，又決定所有人的生和死。獨龍族人認為，除了住在天上的「格蒙」，周圍世界的許多事物都有精靈，通常會用「卜郎」這一術語來表達，它們或敵或友，全賴人們是否適時祭祀以及人們的言行是否妥當。換言之，這些精靈能給人類帶來好運和生產的豐收，但一旦觸犯它們則會給人帶來疾病、死亡和災難。所以，獨龍族人在生產和生活中非常慎言謹行，擔心觸犯了精靈而招致不可預料的報復。

一　對獵神「任木達」的祭祀

　　由於獨龍族人生產的糧食只能維持半年的生活，狩獵和採集就成為獲得另一半生存食物的管道。男子狩獵尤其是獲取肉類蛋白質的重要手段，因而成為一個出色的獵手也是獲得社會威望的一種途徑。當然，為了能夠捕獲獵物，人們也要遵守狩獵相關的禁忌和規則。

1　參見蔡家麒：《藏彝走廊中的獨龍族社會歷史考察》（北京市：民族出版社，2008年），頁117-119。

（一）獵神的傳說

　　獨龍江兩岸的叢林中生活著豐富的野生動物，如野牛、野豬、岩羊、虎、豹、鹿、獐、麂子、猴、兔、飛鼠及水獺等，獨龍族人認為有一個叫「任木達」的神靈主宰著它們的命運。關於獵神的傳說，有不同的版本。一種說法是，獵神由一個父母供養不了的孩子變成。即以前有一對夫婦生了一個孩子，這個孩子食量很大，父母沒有辦法填飽他的肚子，只好將他送到山上岩洞裏；可是這個孩子不但沒有餓死，反而變得力大無比。在一個月圓之夜，孩子被老虎吃了並變成了「阿卡提」。[2]人們相信在月圓的季節出獵，得到「阿卡提」的護祐會捕獲到很多獵物。另一種說法是，獵神由走失的獵人變成，這種說法流傳比較廣泛。綜合各地的傳說，大致的故事情節是這樣的：

> 　　有兩個兄弟，有一天他們一起去山裏打獵，在一處崖子附近攆一隻岩羊，岩羊跳上崖子不見了。弟弟見天色已經晚了，叫哥哥不要再追攆了。哥哥仍然領著狗跑上了崖子。過了一會兒，崖子上傳來狗的叫聲，弟弟急忙上了崖子，卻沒有尋見哥哥和狗，岩羊也沒有見到。這時，聽見崖子下面有狗叫聲，弟弟又從崖頂上下到山腳，還是沒有尋見哥哥和狗，更不見岩羊。這時，天已經黑了下來，只見崖子背後走出來一個一半是黑臉一半是綠臉的怪人，他向弟弟問道：「你能看見我嗎？」弟弟說：「我見到你了！」怪人接著說：「我是你的哥哥，我叫『任木達』。我不能跟你回去了，你一個人回家吧。再過一年來這裏打獵，我一定讓你多多地打到野獸。」說完就不見了。

2　參見楊毓驤、楊奇威：《雪域下的民族》（昆明市：雲南教育出版社，2008年），頁74。

弟弟回到家裏，正向家人講述今天打獵時遇到的怪事，那個半黑半綠臉面的怪人也來到了家裏，他的下身已經變成石頭一般。家人拿出食物來招待他，他都不吃。最後找來了燒酒，倒進「滴希當榮」當中，怪人一飲而盡，走了。

第二年，弟弟進山打獵，每次都打到許多野獸。這件事在獨龍族人中間傳開了。從此，人們如上山行獵，都要首先祭一祭保祐多打野獸的「任木達」，認為它是山林禽獸的主人。[3]

這則故事包含了幾個重要的信息，一是「任木達」由走失的獵人所變，二是人們向它提供祭品（食物），換回豐厚的獵物，表達著一種互惠交換的觀念。另外，獨龍江還流傳著與出獵有關的傳說。例如第三章提到的崖鬼「幾卜郎」的傳說，其內容和結構與這則故事有些類似，都是在崖子上追趕獵物，只是後者提到的出獵人數是 5 個，其中一個人領著狗上崖追趕野獸，結果和上面傳說中的哥哥一樣消失了，最後變成了讓人看不見的「幾卜郎」。「卜郎」和漢語「鬼」的意思相近，是一種看不見但能感覺到的會對人產生威脅並致使人生病和發生災難的精靈。在獨龍語中，「任木達」也有另一種叫法，即「且卜郎」或者「且卜拉」，也就是說能給人帶來豐厚獵物的「任木達」，也含有「卜郎」的意義，這體現了一種鬼神不分的混合觀念。從事獨龍族傳統宗教文化研究的蔡家麒，在分析材料後指出，20世紀五六十年代獨龍族社會歷史調查報告以及之後的一些資料出現獨龍族所謂的「天神」、「山神」、「崖神」、「獵神」等名稱提法，是值得商榷的。他認為，上述崇拜對象，獨龍族有其專稱，常綴有「卜郎」（鬼）的

3　蔡家麒：《藏彝走廊中的獨龍族社會歷史考察》（北京市：民族出版社，2008年），頁159。

稱謂，而獨龍語中未發現「神」這個綜合詞彙。「鬼」和「神」是不同內涵的宗教概念和術語，不宜混淆互用，否則容易造成誤解或附會。[4]問題在於，當獨龍族人使用漢語「鬼」來指稱一些附在樹林或者岩石中的精靈時，其意義不一定等同於漢語語境中的「鬼」的概念，而是指那些不滿人類的行為而向人作祟的精靈，一旦舉行祭祀儀式，重新修複道德，「鬼」也可以向善，成為人類的護祐者和提供食物的「任木達」。如果細細品味「幾卜郎」和「任木達」的傳說，表面上看起來與狩獵有關，實際上隱含著人們像兄弟一樣共用食物、互惠與合作的集體意識。

（二）祭祀獵神的儀式與禁忌

如上所述，「任木達」是掌管各種野生動物的精靈，通常稱為獵神或者山神，獨龍族人認為在出獵前向它祭祀是必要的。迪政當的李自才告訴我們，獵人要走一天才到達行獵的森林中，然後選一塊平坦、接近水源的地方搭棚子，作為宿營地；燒起一堆旺火後，開始祭祀「任木達」的儀式。首先要將蕎麵捏成各種野牛、野豬、野熊、岩羊和錦雞等禽獸的模型，作為祭品陳列在林外一棵大樹下，並在旁邊插上「日達爾」（由紅紙、白紙剪成條狀掛在樹枝上而成），由氏族長或者祭師主祭，為「任木達」獻上酒和食品。主祭者向獵神念禱詞：「我們今天上山來打獵，用這些麵獸來換你的野獸，求你放出那些野獸給我們吧……」念完禱詞，祭者將禽獸的模型扔到林中。但是要注意祭品的頭不能對著人，否則這些野獸會攻擊人類。做完儀式後，獵手們回到棚屋中吃家裏帶來的麵餅、雞蛋和菜。獵手的人數不定，原

4　參見蔡家麒：《獨龍族原始宗教》，呂大吉、何耀華主編：《中國各民族原始宗教資料集成》（北京市：中國社會科學出版社，2000年），頁626。

則上是同一家族的人一起去，也有單獨去的，不論是一起去的還是單獨去的，所捕獲的獵物都與大家一起平分。所獲的獵物，過去是整個家族或者一個村寨的人共同分食，現在只是在幾個比較親密的族人之間分享。現在也沒有專門的獵場劃界，很難找到獵物，有時要走七八天才能找到獵物。誰先到一片森林地，誰就有權捕獵該區域的動物。宿營地一般比較固定，每年都會去同樣的地方搭棚屋。過去有氏族、家族專有的獵場，正如專有的森林、耕地一樣，別的家族不能侵犯。[5]

　　李自才提供的信息與前人調查的資料有些差異，主要是缺少了「試箭」的環節。比如，20世紀60年代社會歷史調查的資料顯示，獵手們向獵神禱告完之後要進行弩弓射箭演習，來占卜獵神是否願意放出它的禽獸。方法是在數十步外的地方，選一棵大樹剝開樹皮，以木炭畫成各種獸形，若射中圖中的野牛，則認為這天可以獵獲野牛，中什麼就會獵獲什麼，射中的目標越多證明獵神的恩賜越多。另外還有一種方法是，對著祭品射箭，同樣，射中野牛必得野牛，射中岩羊必得岩羊。[6]

　　傳統上弩弓和箭是主要的狩獵工具，隨著鐵器和火藥的傳入，獵手們也自己製作獵槍或者向外界購得槍支，這比弩弓能捕獲更多的獵物。但是，在20世紀末，國家實施禁獵政策和採取沒收槍支的行動，以保護自然和野生動物，弩弓和箭又成為捕獵的主要工具。西藏察瓦龍紮恩村一直保持著年節射箭比賽的習俗。這是一個獨龍族、藏族、傈僳族聚居的社區，也是各種文化交匯的場域。一方面，射箭比賽表達了紮恩人的威武和勇敢，這是康巴藏族人尚武的傳統文化觀念

5　2012年7月8日訪談李自才的資料。

6　參見《民族問題五種叢書》云南省編輯委員會編：《獨龍族社會歷史調查》（一）
　　（昆明市：雲南民族出版社，1981年），頁87-88。

的體現；另一方面，在射箭之前祭祀山神的活動以及祈求捕獲獵物的願望與射箭聯繫在一起，以此多少可以看出獨龍族人或者傈僳族人狩獵祭祀文化的影子。

過去或者現在，準備出獵的男人在臨走前均應保持身體「潔淨」——不能與女人同床，洗澡換上乾淨的衣服。另外，妻子懷孕的丈夫不得參與狩獵。人們認為孕婦身子不乾淨，也禁止她們接觸男人的弩弓和箭。過去，獨龍族人視狩獵為神聖和獲得榮耀的管道，因而非常重視相關的禁忌。比如，獵手的家人不得談論狩獵之事，獵手出門一小時後家人才能掃地，獵人之間不得爭吵，遇見其它狩獵者不得搭話，等等。在日常生活中，其它人不能在獵人面前跨過去，或者走來走去，這樣會把獵物擋住，使獵人下的扣子捕不到獵物。這些禁忌表達了對「任木達」的敬畏心理，以及對獵手的尊重，同時要求獵手之間進行合作與配合。在以弩弓和毒箭為主要捕獵工具的時代，只有依靠集體的力量才能捕獲更多的獵物。

二 疾病、死亡的威脅與村落秩序

獨龍族人認為「卜郎」是導致人患病、死亡的罪魁禍首，這也是獨龍族人對「卜郎」既恨又畏的原因。「卜郎」對普通人來說看不見、摸不著，是一種無形的存在。傳說和對生活中遇到各種不幸的解釋，匯成了「卜郎」文化氛圍，使每一個步入獨龍村寨的人感受到它的存在。在獨龍族人的觀念裏，祭師「南木薩」和「雄麻」能看見「卜郎」，因而是溝通「卜郎」和治療疾病以及處理亡魂的儀式專家；同時，由於祭師能夠唆使「卜郎」作祟他人，與「卜郎」一樣被視為村落秩序潛在的威脅者。

（一）卜郎

「卜郎」這個術語大意指鬼魂之類的超自然精靈，但很難做出精確的定義。它既包含對人類有益的精靈，如山地森林的主人「拉」，它能使人們生育、六畜興旺，獲得豐收，與「任木達」類似；也指能治病患的「南木」；同時也包括那些致使人患病和不幸的邪惡精靈。其具體內容見表 4-1[7]。

表 4-1　超自然精靈「卜郎」及對人類的禍害

精靈名稱	禍害	精靈名稱	禍害
幾卜郎	患各種病，發酒瘋	瓦降卜郎	發冷發熱，吐血
楠莫楠卜郎	關節疼痛	莫利卜郎	眼耳疼痛、生瘡
巴鬥卜郎	頭痛	載嘎卜郎	頭疼、發燒怕冷
直讓卜郎	瘧疾	戈莫卜郎	嘔吐
丘丁卜郎	將人推入江中淹死	莫本卜郎	各種疾病
迪格拉卜郎	滾石擊中，蛇咬，急性病	日烏鬧卜郎	棲身之地不能砍火山地
色瀾卜郎	頭疼	尼占卜郎	拉肚子
莫卜郎	精神分裂	昂格介卜郎死亡	
卜拉龍卜郎	吸食死人的腦髓	斯鬧卜郎食死屍肉	
伊理卜郎	專吃人類和野獸	郎卜朱卜郎	鬼頭目，日升、日落之際攝人靈魂

7　感謝迪政當村民李自才、李金國、斯日都裏等人的講解和介紹，這裏所列的「卜郎」只是日常生活中提到比較多者。

按照善惡的標準來分類，可以分為「卜郎」和「南木」，它們互相剋敵，後者專治前者，但都由「格蒙」創造。「卜郎」又可分為山、水、路、石、樹等不同類型的精靈，能夠區分不同的「卜郎」是祭師必備的能力，在對病人占卜診斷後才知道是哪個「卜郎」作祟，這樣可以有針對性地採取作為治療手段的儀式。筆者從當地人講述的《創世紀》神話中發現，世界初始時人類與「卜郎」住在一起，並相互合作照看彼此的孩子。人類離家幹活時，總是把小孩交給「卜郎」來照看，「卜郎」生性貪婪，不斷吸小孩的血，人類逐漸減少。「格蒙」認為，人類是它的外孫，不能絕種，於是用發洪水的辦法使人與「卜郎」分開，而且人肉眼看不見「卜郎」，「卜郎」卻能看見人並用專害人畜的方法索取人間的酒肉和祭品。獨龍族祭師認為，被稱為「木達」的天界是「卜郎」和「南木」居住的地方。「卜郎」和「南木」常下到人間作祟或治病，前者的行為經常連「格蒙」也不知道，而後者扮演的是「格蒙」派下來救治患病者和護祐受害者的角色。

「卜郎」像人一樣，有生靈「卜辣」和亡靈「阿細」，也有其家族，也會繁殖和死亡，只不過其壽命要比人長。「卜郎」的生活方式與活人不同，它們主要靠吃人的靈魂「卜辣」和禍害活人使其生病，使人不得不獻祭供品以免遭其害。而它的靈魂「卜辣」是天上最高層的鬼頭目「孟朋格」給的。換言之，在獨龍族人的觀念裏，「卜郎」這樣的概念不是人亡故後變成的，而是與人類一樣由天神安排生死和福禍。但是，一些經常被人們祭祀的「卜郎」是活著的人變的，如前面提到的崖鬼「幾卜郎」和森林中眾獸的主人「任木達」，都是由走失的獵人所變。在獨龍族人的傳說中，「卜郎」被描述成貪婪、反覆無常的惡鬼，它們總是不斷地想吃人間的祭品。人之所以遭遇被滾石擊中或者失足掉江、墜崖等不幸，是因為人的靈魂「卜辣」受到鬼的干擾和誘惑。在所有的「卜郎」中，獨龍族人認為崖鬼「幾卜郎」是

人類生命最大的威脅者，它善於變成各種東西，附在人體上作祟。人的靈魂「卜辣」一旦被它驚嚇或者吃掉，會直接導致人體患病和死亡。就是說，人沒有了「卜辣」也就不可能活下去。獨龍族人對死亡的定義與「卜郎」聯繫在一起。

筆者在迪政當田野調查期間，報導人都裏忙完白天的勞務，晚上來到筆者住處講了很多關於「卜郎」的故事，也就是常說的鬼故事。在漆黑而安靜的山村裏，聽著這些奇異的事，總讓筆者產生各種聯想。都裏的祖父輩中，有幾個是當地有名的「南木薩」（祭師），他也從小受鬼文化的薰陶，深信「卜郎」的存在。都裏提到了一種非常兇殘的「日薩卜郎」，它能化成各種東西，尤其是變成年輕漂亮的少女出現在年輕男子的夢裏，引誘他們與之相愛做鬼夫妻，於是這些年輕人便逐漸消瘦衰弱、體虛多病。那些被滾下來的山石壓死、上弔自殺、吃草烏自殺、跳江自殺等不尋常的死亡，被認為是「日薩卜郎」作祟致死的。以前迪政當村有一個小夥子，父親是村領導，他常向旁人講述夢境：有一個漂亮的女子總是出現在他的夢裏。有一次他去江邊釣魚，喝了點酒，回到家後，就吃草烏自殺了。這位年輕人平時為人很誠實，大家對他的死表示非常惋惜，死前他提到做了一些噩夢，大家認為是「日薩卜郎」害死他的。另外，每年有人跳江自殺身亡，都裏解釋說那些人都受到「瓦江卜郎」的控制，只要靠近江邊就身不由己地往江裏跳。很多人喝了酒後，不敢靠近江邊的路走，害怕為「卜郎」所害落入江中；也不敢走夜路，因為到了晚上，路上有很多野鬼，會致使人患病或者給人帶來麻煩。為此，獨龍族人生活在很多「卜郎」包圍的世界，他們總是感到不安和恐懼，為此不得不花費大量的財物去祭祀這些鬼魂，禳解災難。正如歷史上的獨龍族人現實生活中受到周邊強權的徵稅和擠壓以及強盜的侵擾，生活難以安定，生存處境艱難。

（二）對死亡的預測和靈魂觀

大部分獨龍族人相信人畜的患病和死亡與「卜郎」作祟有關，人看不見「卜郎」，人的靈魂也是肉眼無法看清的，但人們認為靈魂的相貌、品性和活人一樣。他們認為，活人的靈魂「卜辣」被「卜郎」吃掉後，人這一生物體就沒有生命了，變成了亡魂「阿細」。

報導人告訴筆者，有一些跡象是死亡的徵兆，比如聽到細微、縹緲的哭泣聲音，三四天後必有人去世；還可從異常的氣象中看出死亡的預兆，比如晴天下雨，雨線不直、點數不一樣，且粗線不勻稱，這屬於不正常的自然現象，乃凶兆，必有人死。2011 年 10 月 29 日，筆者碰到了一樁「油火燒同伴」事件。事件發生在離迪政當不遠的山坡上，有 5 個獨龍族男子 1 個多月以來在此搭棚屋，砍木料掙錢。白天他們加工木料，晚上烤火喝酒，度過寒冷的黑夜。10 月 28 日晚上，像往常一樣，吃完晚飯，幾個人又一起喝酒。其中一個人發燒感冒先睡了，另外 4 個人喝到第二天凌晨。有一個人興致很高，另外 3 個人覺得喝夠了，想睡覺，於是勸他休息；他不聽大家勸說，並往一人身上潑柴油，還威脅大家，如果不跟他繼續喝酒，他就要點火燒人；其它夥伴也喝得糊塗了，聽了都不以為然。就在這時，一陣風吹過來，那人手上的火把星吹到被潑柴油的人的身上，很快就燃起來。這時，那人喊疼，在地上打滾。其它人看到這情形，馬上清醒了。他們先用被子撲在那人身上，但火勢太旺無法撲滅；被燒的人疼痛打滾，後來滾到山下的公路上，由於天黑，過了好久其它人才找到躺在公路中間的他。這時，他身上的火已經滅了。兩個人留下來看著他，另兩個人到村子裏找來了拖拉機司機，把傷者運到鄉醫院。迪政當離鄉政府有 5 小時左右的車程，他們在 2/3 路程的地方遇到塌方，車無法往前開，只能由那 4 個人將傷者抬到醫院，但是傷者燒傷太嚴重

了，鄉醫院無法治療。第二天早上，他們又將傷者轉運到縣裏治療，但傷者在途中就已經斷氣了。那個喝酒最凶的人，連鞋子也顧不得穿，一直忙著參與救人；到了縣城，他主動向公安局自首。11月1日，筆者和村民一起去看出事現場，縣公安局的人帶著嫌犯來指證。筆者看這人很樸實，根本不像會傷害他人的人。他的母親也到了現場，披著一條床被，沉默但兩眼飽含著淚水。當指證完現場準備離開時，男子終於忍不住哭了。他為自己愚蠢而衝動的行為付出了代價。村民將幾天前那場怪雨和這件事聯繫起來，並由此證明那徵兆是正確的。

如前面所言，獨龍族人常把夢見的內容與死亡聯繫起來。雖然各地的解釋不同，一般認為夢著自己不幸的遭遇總是不吉利的。夢見日落，表示父親將要去世；夢見月亮，表示母親將要離世；夢見牙齒脫落，是父母即將離世的徵兆。另外，夢見家鄉的溜索斷了、橋板腐朽，醒來見到的人，其命不長矣；夢見祭師、亡故的親人、蛇等現象都屬於凶兆。獨龍族人非常重視夢到的事物，早上醒來必與家人分享，以此來預測今後誰會遇到什麼樣的不幸和災難，以及在近期該注意的言行，避免災禍降臨到自己及家人身上。

蛇被認為是不祥的動物，不僅在夢中見到蛇是凶兆，生活中遇到蛇也是不吉利的徵兆。獨龍族人的口述故事《創世紀》中就有關於蛇與鬼的聯繫。創世之初，人與鬼同住，鬼吃人的孩子，人越來越少，於是人用計謀打死了鬼；鬼變成蛇，人們將它扔到獨龍江，結果蛇身變大，堵住了江水，引發了洪災，很多人因此而喪命。也就是說，蛇在口述文學中被描述為鬼的化身。實際上，獨龍江雨季長、潮濕，冬天一過，隨處可見蛇類出沒；而蛇隨時會攻擊靠近它的人，這對人類來說是一種潛在的威脅。

獨龍族人認為，在路邊、江邊遇見蛇，是由於祭師作祟唆使的。

而人們最忌諱見到一對雌雄蛇，這屬於凶兆，是死亡降臨的信息。還有一種會發出類似公雞鳴叫聲音的大蛇，誰見到這樣的蛇，他的命就不長了。同時，碰到了很多蛇這件事不能告訴親人，否則他的親人會因此而喪命，必須對著石塊或者木頭說出來，這樣就可以把死亡的災難轉移到石塊和木頭上。有一次晚飯後閒聊時，報導人都裏講述了他家人遭遇不幸的經歷：在他母親懷著未出世的哥哥時，村領導的夫人也懷著孩子；一天村領導夫人在路上遇見一群蛇，她把這事告訴了都裏的母親，結果都裏母親分娩時嬰兒沒有活下來，村領導的夫人不久也病逝了。都裏認為，這是遇見蛇群導致的不幸，但是如果村領導夫人不將遇見蛇的事說出來或者說給石頭聽，可能結局就不一樣了。

獨龍族人認為，人畜死後，其靈魂「卜辣」也不存在了，變成了亡魂「阿細」。「阿細」有自己的世界，獨龍語稱之為「阿細默裏」。其情景與活人世界相同，有村落有頭人，所有死後的親人繼續生活在一起。「阿細」們的住房都是用蒿草搭蓋起來的矮小房舍。豬、雞、牛、羊也極多，滿地都是畜糞，很不乾淨。這些家禽的「阿細」生前屬於哪家，死後也歸於哪家所有。「阿細」在「阿細默裏」重走生前走過的路和經歷的生活，人活多長，他的「阿細」也只能活同樣的時間。生前品行不好的人，死後在這裏要受到「阿細」們的懲罰。年限到後，「阿細」遂變成各種蝴蝶，飛向人間，靠採食花蜜和露水生活。漂亮的花蝴蝶是婦女們的「阿細」所變。蝴蝶死了，人的靈魂也就不復存在了。獨龍族人看到很多蝴蝶聚在一起吸水都會避開，更不會打跑它們。

人死之後，一般停屍一個晚上。將屍體放在門口前，頭朝北，腳朝南，面朝東，這些方位絕對不能搞錯，否則被認為不吉利。斷氣之際，如果頭朝東方被認為是吉祥，頭朝西方則是凶兆。停屍的晚上由本村的年輕人來守夜。而入土埋葬最好在太陽升起的時候，太陽偏西

時一般不進行埋葬活動。獨龍族人沒有固定墓地，一般都將死者埋在房前屋後不遠的田地中，不壘土堆，兩三年後可種植莊稼，不留葬人的痕跡。埋葬的時候，不管怎麼安放，臉都要朝向東方。獨龍族人認為，夕陽西下的那方是鬼怪的世界，代表黑暗和兇險之地；旭日升起的東方是極樂世界，是死者亡魂「阿細」該去的地方。一般認為，亡魂「阿細」不會對人造成危害，只有當辦喪事沒有把其亡魂引到「阿細默裏」時它才會作祟人畜。那些被認為是「卜郎」致死的人，其亡魂「阿細」會滯留於人間，作祟人畜，貪食酒肉，不斷地要求世人向它們獻祭；家人患病或發生事故，被認為是「阿細」前來作祟討吃討喝。因此，人死後的 7 天之內必須請祭師舉行招魂、送魂儀式，將亡魂「阿細」送走。

獨龍族人認為，人死後剛開始的幾天裏，「阿細」沒有意識到自己的活體已經死亡，它會到處亂跑、遊來遊去。埋入土後 3 天，家人邀請祭師「南木薩」舉行招魂儀式，招的魂是死者的亡魂「阿細」。這時死者家屬和參加葬禮的村人都穿著漂亮的衣服，在死者家宅周邊著預先插好的竹棍，一邊唱著「阿細普」跳舞，一邊喊「你的東西在這裏，趕快回來拿吧，再回到你該生活的地方去⋯⋯」。在這種場合，男女可以互相開玩笑，做調戲的樣子，以便引誘「阿細」和害人的「日薩卜郎」出來。當祭師（南木薩）看見「日薩卜郎」來了，示意大家散到一邊。他用長刀（儀式專用）砍竹子，如果一刀砍斷了這根竹子，就說明砍死了「日薩卜郎」；如果沒有砍斷，則說明鬼跑掉了，日後還會來害活人。砍鬼儀式完成後，祭師把死者的亡魂「阿細」招回到死者家裏供養，家人擺出冒著熱氣的飯菜、酒肉和煙等，口中說著「這是你的飯菜，你自己收好」之類的話。屆時，村裏每一家派一個人來，幫忙煮飯和釀製送魂儀式用的酒。差不多到了第七天時，酒發酵了可以喝了，家人就邀請祭師和村裏的人來舉行送魂儀式。而在

這之前，墳地上一直燒著火，柴火由年輕人準備。晚上，年輕的男女守夜，他們唱歌、跳舞、打牌、玩遊戲等，沒有哭泣和悲哀，目的是讓死者的亡魂安心、不亂跑；死者家屬則為活動提供酒水。

招魂儀式上，死者家屬宰殺一頭豬，象徵性地送給「阿細」，然後所有參加葬禮的人一起分食。村裏每家帶來一竹筒水酒和一塊蕎麵粑粑，而與死者有親戚關係的人則每人抱上一隻雞，也是象徵性地送給「阿細」。祭師舉行招魂儀式是多個儀式的統稱，同時伴隨著各種占卜，目的在祈求「阿細」不要帶走活人的財運、獵狗和糧米，不要禍害人畜，並賜予在世的人好運和豐收。最後把死者的「阿細」送到「阿細默裏」，儀式才算結束。在人死、埋人、送魂儀式舉行的這三天，整個村寨的人忌諱下地勞動和吵架，否則會把災難引到犯禁者身上；大家一起到死者家屬那裏幫忙、參加儀式，祈求好運。所以，葬禮變成了公共集體活動，用於處理人與超自然、人與人之間的關係，促進村落的社會整合與團結互助。

（三）祭師——儀式專家

在獨龍族傳統社會中，祭師是一個非常重要的社會角色，由於具有儀式技能和社會威望，他們常常成為村落頭人候選者。在獨龍江，按祭祀儀式的職能和分類，祭師有「烏」、「雄麻」和「南木薩」三種。其中，「烏」在當地語中意為「喝醉酒、亂說話的人」。據李自才介紹，「烏」有不同的級別，那些掌握了儀式技能和獨龍族傳統草藥知識的人才能成為專職的祭師。通常，「烏」祭祀崖鬼「幾卜郎」來祛病消災，「烏」酒醉胡言亂語被認為是崖鬼附體並通過他們的嘴說話；同時，他們也是預言家，常預言某地某村將會降臨什麼災難，或者將要死多少人。「烏」的另一職能是宰殺祭祀時作為祭品的牲口，在剽牛祭天儀式中，他們專任持鏢刺牛的人。為病人或其它緣由祭鬼

殺牲的儀式，也要由「烏」持刀宰殺，別人不可代庖，即須經「烏」
的手親自將牲畜的靈魂奉交給崖鬼享用。獨龍族人認為「烏」是較早
出現的祭師，「南木薩」多是由「烏」演變的。獨龍語「薩」是人的
意思，「南木薩」即得到「南木」幫助或有了「南木」的人。

民國時期，已有學者注意到「南木薩」在獨龍族人生活中的治療
儀式。「俅夷（即獨龍族）最信鬼，每外出必須占卦。……巫名囊
撒，謂能攝人魂魄，人皆敬畏之。……不知醫藥之道，人病則請囊撒
禳治之。」[8]

按照獨龍族人的說法，祭師「南木薩」本身並不會治病，他的能
力在於操縱天上來的神靈「南木」來給人治療，即通過「南木」帶來
的力量，利用「天藥」替人治病，撫慰受驚嚇的靈魂「卜辣」。那些
受惡鬼「日薩卜郎」折磨的男女青年，都要請「南木薩」舉行砍鬼、
驅鬼儀式。獨龍族人認為，「南木」是天鬼「格蒙」派到人間制服
「卜郎」的鬼，而天藥藏在天界叫「木達」的地方，有專職的鬼來看
守，法術厲害、和天鬼交好朋友的人才能取得天藥。據說，「雄麻」
是開了鬼眼的祭師，他也是利用巫術給人治病，但這類祭師比較少
見。「南木薩」人數較多，其活動頻繁，社會影響力較廣。20世紀初
期，一些「南木薩」兼任頭人，社會威望高，連察瓦龍藏族領主也要
敬他們三分。一些法術厲害的「南木薩」受邀到察瓦龍主持治療儀
式。李自才告訴我們，曾經有一年察瓦龍乾旱，地裏的玉米苗快要枯
死了，他們派人請來熊當的一個祭師；祭師通過祈雨祭祀，果真下了
兩場大雨，緩解了旱情。察瓦龍是一個炎熱乾燥的峽谷地帶，當地人
主要信仰藏傳佛教，但有時也舉行苯教的祭祀和儀式活動幫助他們解

8　李生莊：《雲南第一殖邊區域內之人種調查》，雲南省立昆華民眾教育館編：《雲南
　　邊地問題研究》（卷上），1933年刊印。

決問題。筆者在棻恩村聽村民講過求雨儀式——以前遇到乾旱時，村人到高山牧場天池處，煨桑祭祀，以求得降雨。可見，「南木薩」的影響力超越了獨龍江，而察瓦龍人可以包容不同宗教信仰者，體現了信仰中所具有的功利主義特徵；或者說兩地人的信仰互為相容，共用一些宗教知識，如對山神的祭拜。

在 20 世紀 50 年代之前，人們生病了或者身體不舒服，首先想到的是找祭師治病，舉行一場儀式，砍死作祟的惡鬼。50 年代後，當鄉政府駐地開設衛生院、各村有了赤腳醫生後，一般的就醫原則是，先找醫生看病，若吃藥打針治療不好再找祭師處理。「南木薩」自己也知道，他的「天藥」並非包治百病。他們最主要的治療程序是，先占卜是什麼「卜郎」作祟，就猶如醫生給病人診斷，然後再針對不同類型的「卜郎」進行治療儀式。其治療的方式充滿了巫術技能，如「南木薩」先要擺酒（如果他的「南木」是喝酒的話），然後搖鈴、點燃青松枝，用煙熏，以召喚天鬼「南木」，「南木」帶著「天藥」給病人治療，只有「南木薩」能看見「南木」治療的情形，其它人是見不到的。而通過儀式治療無效而死亡者，則聲稱是其靈魂「卜辣」已經被天鬼帶走，或者被「卜郎」吃掉了。「文化大革命」時期，這些儀式治療活動被界定為「封建迷信」而遭禁止，從此人們知道按傳統方法請「南木」治療屬於「搞迷信」。隨著政府幹部和工作人員的宣傳，這種意識在民眾中逐漸棻了根，一直到現在，人們將那些祭師稱為「搞迷信的人」。今天，只有少部分人在舉行祭祀活動和喪葬時才會請祭師。隨著政府「醫保」的惠及，大部分村民患病時都去醫院就治。

通常，能否成為「南木薩」或者「烏」，主要是看天鬼「南木」以及崖鬼「幾卜郎」找到誰「做朋友」，誰就成為祭師。生活在村落中的人，從小對巫術治療耳熟能詳，無須拜師學藝。也就是說，任何

成年男女都有可能成為祭師。那些經歷疾病、家庭不幸的遭遇者，更容易遇見「南木」或者奇異的景物而宣稱自己為「南木薩」；有的是一次狂喝亂醉之後，就宣稱自己成了「鳥」。根據 20 世紀 80 年代初的調查，獨龍江一位有名望的祭師木然當木廷回憶起成為「南木薩」的經歷時說：

> 我成為「南木薩」的直接原因是，在此之前在山裏曾經先後三次見到了「南木」。「南木」出現在我的眼前，來自天際不同的方向。它們從西邊和東邊到來，一共是 4 個，其中有男有女，長得同人一樣，很好看，但是一會兒就不見了。「南木」善於變化，能變成各種東西，有時變成小姑娘，有時變成雀鳥，甚至還能變成一張桌子。第一、二次碰見時，它們都沒有講話。第三次遇見時，「南木」們就對我說：「我們是『格蒙』派來交給你的，來找你做朋友。」我聽說是天上的「格蒙」派來的「南木」，也就同意了它們的要求，同它們交朋友，為眾人治病。[9]

　　20 世紀 70 年代末，國家政策對傳統「迷信活動」的禁令比之前寬鬆了許多，一些祭師也都宣稱是在這時期見到「南木」，以及找到他們做朋友的。蔡家麒等人在這時期的調查，也給我們留下了豐富的口述材料。[10] 在「南木薩」的講述中，天鬼「南木」被描述成跟人一樣，特別強調的是與獨龍族人形象不同：來自東方或者西方，穿著漂

9　轉引自蔡家麒編：《獨龍族社會歷史綜合考察報告》（第一集）（昆明市：雲南省民族研究所，1983 年刊印），頁86。

10　參見蔡家麒：《藏彝走廊中的獨龍族社會歷史考察》（北京市：民族出版社，2008年），頁125-157。

亮的衣服，像喇嘛穿的，還帶著金光閃閃的凳子，身上背著醫治不同
疾病的藥水……這無疑是對西藏喇嘛和東方漢族的想像，這些外來人
帶來獨龍族人缺少的醫藥物品。「南木」給獨龍族人一副類似眼鏡的
神秘器物，能夠見到「南木」，並與之對話。「做朋友」是前提條件，
就像外來人與本地獨龍族人做生意、交換物品一樣，首先要建立「本
南」關係。一旦和「南木」結交了朋友，就是終身的朋友，這也是
獨龍族人對朋友的一種態度。換言之，「南木薩」治病所具有的神秘
力量，其實是外來朋友提供的。過去，一些頭人「卡桑」兼任「南
木薩」，他們在和外族交往、交換生活物品的過程中，比普通人更容
易獲得外來的稀缺品，這無疑給他們帶來聲威和神秘的力量。「烏」
專門祭祀崖鬼「幾卜郎」。崖鬼的來歷傳說如前述，它是失蹤了的獨
龍族獵人變的，是人們最懼怕的「卜郎」；「烏」本身有時也被視為是
酒醉亂言的人，與「南木薩」比起來，在社會影響力方面顯得稍遜
一籌。

　　祭師在獨龍族社會中屬於特殊的群體，在獨龍語中，用特定術語
來指稱「南木薩」和「烏」。當一些人用漢語「祭師」介紹他們時，
實際上是一種統稱。隨著 20 世紀 50 年代以來各種政治運動和文化習
俗的改革，幹部和一些讀過書、去過城市的人將祭師歸類為「做迷信
的人」，傳統的祭祀活動被概之以「迷信活動」，它的價值和意義在五
六十年代被否定。80 年代初，政治和社會環境氛圍相對寬鬆，這也
為傳統的宗教信仰和儀式活動的復蘇提供了機遇，一些人宣稱見到了
「南木」，而成為新的「南木薩」，其中不乏過去曾擔任過村幹部、讀
過書的人。比如，巴坡的肖拉子，他曾經擔任過第四鄉鄉長（今巴
坡、馬庫幾個村的最高行政領導）和孟登木生產大隊的黨支部書記。
在「文革」期間，他帶人抄了祭師木然當木廷的家，沒收了從事宗教
活動的法具，並公開批判了木然當木廷。但是，1979 年 7 月 31 日，

他宣稱見到了「南木」，並接受「南木」的要求，成了給人治病的
「南木薩」。對此，他跟前來調研的學者表達了一種無奈和矛盾：

> 我是個共產黨員，不是不相信共產黨。但「南木」找來了，我
> 沒有辦法。我對不起公社衛生院的醫生，對不起科學。我確實
> 沒有辦法。[11]

現在，南部的幾個村大多數人信仰基督教。當問及過去生病怎麼
治療的問題時，他們總是說：迪政當現在還有人會搞迷信，你去問問
他。迪政當成了堅守傳統文化的堡壘，但即便如此，村裏在 20 世紀
末修起了教堂，一部分村民皈依基督，而公開祭師身份的只有一人，
此人便是李自才。實際上，他家族上一輩也有多人從事「南木薩」活
動，其中比較出眾的有科全千里，現在他的家族中也有人信仰基督
教。信仰基督教的人常常背後指責李自才搞迷信，他就更加低調了，
幸好還有一部分人信任他，還請他舉行儀式和主持喪葬的招魂、送魂
儀式。自從 2011 年 10 月村裏拆掉舊房、重新建蓋新屋，他帶家人搬
到了一個偏僻的角落，四周環繞次生林，顯得更加安靜。報導人都裏
說，他這樣是為了保持神秘感。筆者從都裏和其它村民口中多少也瞭
解到一些信息，李自才是當地解放以來最早讀過中專的獨龍族人之
一，也是一位共產黨員，在冷木當村（自然村）擔任過村主要領導。
2012 年 7 月 1 日，筆者剛到迪政當村時，村委組織村黨員過組織生
活。在黨務會上，李自才做了自我批評：「我是共產黨員，我還搞迷
信，我對不起黨，對不起大家。」[12]筆者一直想找機會到他家裏拜

---

11 轉引自蔡家麒：《藏彝走廊中的獨龍族社會歷史考察》（北京市：民族出版社，2008
　年），頁130。
12 2012年7月1日迪政當田野調查資料。

訪，但直到第二次田野工作時間快結束時才找到都裏帶筆者去。此時，都裏受雇於某個電視臺做攝影助理。但是，李自才講述時有些遮掩，因而都裏建議筆者找一個「有氣場的人」帶著去。在一個陰雨的上午，房東李付有空，願意帶我去拜訪祭師。李付現在在村委工作，母親也屬於科全家族，我們準備拜訪的人恰好是他舅父家人，李付的身份符合都裏說的「有氣場的人」。

都裏說，平時李自才不喜歡和人說話，但是他的眼睛很犀利，能看穿人的心思。巧合的是，在決定拜訪李自才的前日，筆者在路上碰到了剛從地裏勞動回來的他。見到筆者，他主動跟筆者打招呼。他說記得我去年來過，又說他家搬到山裏住了，路比較遠，這樣說似乎預測到我要去找他了。吃過早飯後，李付催促筆者要早點去，否則去晚了李自才就會去地裏幹活，這樣我們就要白走一趟了。筆者買了茶餅和奶粉作為見面禮，跟著李付去探訪深山中的祭師。獨龍江的早晨大霧籠罩，細雨飄零，這老天也幫筆者忙，這樣的天氣，獨龍族人出工比較晚。我們沿著小路，尋找李自才家。路邊雜草叢生，還有螞蟥。在半山腰的一塊緩坡地上，有一木板屋，這是一塊養雞豬的好地方，四周是次生林。屋子四周掛著紅白布條，顯得神秘，也表明房屋主人與眾不同的身份。我們走進屋子，聽到裏面小孩的吵鬧聲，筆者心裏忙說「慶幸」。門口趴著一條黃狗，見我們進來，它很盡責地叫起來；待主人出來，它才讓步給我們進去。李自才一家人正在看電視，有人開了門，李付用獨龍話說明了來意。房屋裏擺了兩張床。李自才坐在門口邊的凳子上，沒有表情，也沒有說話；他家的女人倒是忙開了，搬凳子讓座。不過，屋裏太狹窄且光線昏暗，筆者進去之後不知道坐哪裏。還好，李付提議在門外的走廊上坐，才化解了筆者的尷尬。

李自才有 4 個兒子 3 個女兒，他現在和小兒子住在一起，其它孩子都各自成家了。小兒子今年剛結婚，媳婦是本村的斯榮家族人，去

年初中畢業，即李付姑母的女兒。她給我們搬凳子、倒茶水，非常熱情。而李自才明白了筆者的來意後，也爽快地跟我們聊起獨龍族的傳統生活習俗。老人嘴上吸著煙鍋，穿著解放裝，一如平常的裝扮。問到以前獨龍族的婚姻關係和生育習俗時，他還忍不住大笑，覺得有些習慣很好笑；但是，談及宗教信仰時，氣氛就有些沉悶和壓抑，不過他還是非常配合我們的提問。他的堂弟原是迪政當村委書記，同時兼任獨龍族年節開昌瓦節的「非遺傳承人」；2009 年他堂弟病逝後，一直沒有新的人擔任「傳承人」，這是比較遺憾的一件事。我們注意到，老人臥室門上貼著新年對聯。老人介紹說，這是 3 年前貢山來的工作隊介紹他這樣做的，說明老人還是能接受新事物的。同時，老人是本村第一個中專生（師範），也是第一個引進地膜玉米種植技術的人，這再一次證明他並不是思想保守、封閉的人。談起獨龍族傳統文化現狀時，他認為很多年輕人不知道獨龍族的歷史了，生活改變很大，思想也改變了不少。老人家的門框正上方還掛著野附子，是毒物，可能是用於避邪，這是傳統文化的符號。這些毒物常用來製作毒箭。他的房屋上掛著弓弩和箭筒，以及抓捕獵物的扣機，他還親自示範了扣機的設置。由此，可以判斷，李自才雖然從事「南木薩」活動，但也不排斥接受新事物。3 小時後訪談結束，在回來的路上，筆者回望山中淹沒的屋子，不再感到神秘了。然而，李付說，李自才因為這樣的雙重身份（黨員和從事「南木薩」活動），心理壓力很大：一方面，那些信基督教的人背後議論他，認為他從事的是迷信活動；另一方面，自己曾受過教育和參加過村委工作，也是老黨員。因此，他是一個複雜（活在兩種信仰之間）而矛盾的人物。李付說，雖然村委不會給他施加壓力，但從他說的「搞迷信的人」還是看出他持有的態度，即不太認同搞「南木薩」活動。[13]

---

13 2012年7月8日訪談資料。

　　獨龍族人對祭師「南木薩」表現出矛盾的態度，既相信和需要他們，又害怕甚至反對他們。一方面，「南木薩」是獨龍族本土信仰體系的一個組成部分，它和信仰「卜郎」以及有關宇宙的解釋聯繫在一起；另一方面，人們因為相信「卜郎」的存在及其對人類和社區的威脅，需要「南木薩」來舉行儀式禳解、消災，也需要「南木薩」來主持喪葬送走亡魂，以防其作祟於人畜。同時，有些「南木薩」常常預言某地某人會死，或者面臨不幸，以此來達到謀利的目的。人與人之間關係為此變得緊張，甚至引發仇殺，成為安定村落社會秩序的隱患。在當代，隨著政府各種物質援助的增加以及全面建設的開展，獨龍族人的生活條件得到了極大改善，傳統的信仰方式逐漸為新的生活方式所取代，政府控制了新的權威機制。因此，祭師也不可能獲得過去那樣的聲望和地位，只有成為傳統民族文化的代言人，才有機會重塑新的身份，建構新的價值和意義，迎接新的生存機遇。

三　分享的盛宴：剽牛祭天儀式

　　傳統獨龍族人村落社會中，剽牛祭天是周期性年節的重要組成部分，也是最熱鬧、最隆重的公共集體祭祀活動。舉辦的時間定在每年12 月至次年 1 月間。這期間，通往山外的路被大雪封堵，無法來往交通。而在獨龍江兩岸，辛苦一年的耕作已收割完畢，人們開始釀製過年的酒水，男人上山捕獵、下江捕魚，目的均是為盛大的集體宴席準備食物。儀式中祭祀用的牛牲是富裕家庭捐獻的，也有由全村共同獻出的。儀式以獨龍族人的宇宙觀和靈魂觀為基礎，即天界的「格蒙」和「拉」，以及地界的「任木達」和「幾卜郎」所代表的超自然精靈，被認為主宰著人類的生產、生活以及家庭、個人的命運。因此，儀式上祭獻這些鬼靈，祈禱來年狩獵與生產時豐收、無災無難、

家庭和諧與興旺。儀式中有自己特色的歌舞娛樂，並提供酒肉飲食。儀式本身是一種具有綜合性的公共活動，集節慶娛樂、祭祀祈求為一體，其中最重要的活動內容便是所有人參與的牛肉分食。

　　按照祭祀的原則，由祭師「烏」來主持儀式，這與「烏」和崖鬼「幾卜郎」的聯繫有關。我們在田野調查工作期間很難遇到這種儀式，對其具體操作的瞭解只能依賴於當地人口述和前人的記錄。祭前，除了準備一頭牛外，酒水要提前 1 個月準備，因為此時正值寒冷季節，米酒的發酵時間比平常要多很多天，而且所有參加者都要參與準備。屆時，酒水的消耗量大，一家人無法提供可以滿足全村村民所需的酒。另外，主祭者提供牛，其它人自行準備酒水，也符合獨龍族人互助協作的習俗。在楊毓驤的描述中，祭前還要準備「拉達爾」，用麻布或者白紙掛在樹枝上，這是用於與獵神「拉」或者「任木達」溝通和聯繫的。當慶典開始時，人們先給祭祀的牛披上漂亮的獨龍毯，牛角上掛著婦女身上用的珠串，參加的人也身披獨龍毯。祭師「烏」牽著牛先在牛主人房舍繞 3 圈，助手跟在其後。「烏」喝足酒、嘴裏念著詞為主人祈福，然後把牛牽至眾人聚集的場地並將其拴在一根粗大的木樁上。眾人自動圍成圈，由「烏」領頭，敲起芒鑼，揮刀弄矛歡快地跳起牛鍋莊舞。此時，有的婦女將自己身上的珠串取下掛在牛角上，以求來年平安吉利。[14]而在獨龍族學者李金明的記述中，沒有出現「拉達爾」，但在廣場設置的祭臺上鋪了青松針葉。當祭品（蕎麵捏製的各種野獸模型）放上祭臺後，主祭人點燃松明和青松葉，其煙霧飄昇天空，亦如與天鬼交流。此時，主祭人面向東方叩頭念祝詞：「我們村寨房子的地基又穩又牢，崖鬼們不要來，不要把

---

14 參見楊毓驤、楊奇威：《雪域下的民族》（昆明市：雲南教育出版社，2008年），頁117-120。

病帶到這裏……」然後，「烏」拿起鏢槍（竹矛）對牛說道：「今天是個好日子，人們都來了，牛殺了是你們的，牛的『卜辣』你們拿去，『幾卜郎』也罷、『南木卜郎』也罷，這些祭品都是給你們的，你們抬去吃吧。今年我們這樣搞，明年給我們好運氣，人和牲口興旺起來。要多收糧食，多挖黃連貝母，多殺幾隻豬，諸事要順利，大家平安如意！」隨即，「烏」用鋒利的鏢槍對準牛的腋下猛刺過去，牛被剌倒致死，人們迅速剝開牛皮把肉切成若干塊並當即分掉。後腿肉習慣上要送給自家的親家，其餘內臟和血用大鍋煮熟了大家分吃。凡參加儀式的人均可分得一份，未參加者習慣上託人捎去一份帶皮毛的牛肉，以表尊敬。然後，「烏」背著牛頭，繞圈跳舞，眾人跟隨，這時氣氛達到高潮。[15]

儀式象徵賦予的合法性離不開神話的伴隨，與剽牛祭天鬼的活動相關的神話有幾則，如前面所述的關於祭祀「幾卜郎」和獵神「任木達」。這裏還有一則與儀式相關的狩獵傳說：

> 傳說 200 年前，茂頂氏族長率領氏族成員，前往高黎貢山茉莉凹隘口狩獵。他們溯獨龍江而上，到達得務當的時候，獵犬嗅到獸跡，向前衝了出去，一會兒，又悄悄竄回，搖尾吻人，似有所告。人們知道，前方定有野獸出沒，便派出得力弓弩手，控弦前往偵查。果然發現水獺一個跟著一個，嘴裏叼著剛從江裏捉到的大魚，先東張西望，然後把魚放在昔日石柱祭祖的祭壇上，轉身穿過森林潛入江中。轉眼間，每個水獺嘴裏又叼著大魚，仍然放在原處。三番五次都是這樣。然後任憑魚在地上

---

15 參見李金明：《獨龍族原始習俗與文化》，《民族文學研究集刊》（13）（昆明市：雲南社會科學院，1999年印行），頁113。

活蹦亂跳，水獺卻是一個個後腳站立，前腳如手高舉，像嬰兒
蹣跚學步，圍魚而舞，但又不把魚吃掉。人們見此，非常詫
異，認為這是水獺正在舉行獻祭活動，應該讓它們繼續照常進
行，因而便悄悄原路折回，到別的高山狩獵。這次狩獵，捕獲
很多飛禽走獸，半年都吃不完；秋天穀物豐收，超過任何年
景。因此，他們便認為這是水獺用大魚繞石柱祭天祈求到的豐
年。就這樣，茂頂氏族從水獺祭魚得到啟示，創立了剽牛祭天
祈保豐年的儀式。[16]

　　這則神話傳說表明狩獵對於一個群體的重要性，既提供了生存需
要的肉食和營養，同時，也反映了早期獨龍族人主要以狩獵為主。在
狩獵中組織集體行動，以及各成員之間相互配合與合作，是獲取獵物
的主要保障，而最終對獵物的分配方式直接影響到獨龍族人平權主義
社會的維繫。以血緣為紐帶的社會組織最主要的特點是沒有集權者、
組織鬆散，家族長的職權是通過儀式賦予的。如何能把鬆散的群體維
繫成一個有序的社會，我們認為，獨龍族人共用食物的觀念和適時的
公共祭祀活動是適合這種社會背景的生存策略。舉行祭天儀式，讓每
個成員參與村落社會活動，而提供牛肉的人既展示了慷慨、財富，也
收穫了村落成員的認同，從而增強了村落共同體的凝聚力。也就是
說，食物分享的原則是黏合人與人之間的關係和進行彼此合作的最主
要的動力。

　　由靈魂觀、天鬼和祭師構成本土信仰體系，源於獨龍族人對周圍
自然環境和宇宙起源的思考，通過神話儀式實踐塑造了社會生活的規
範制度和生存倫理，關乎群體的合作與交往；同時，也反映了物資極

---

16 轉引自高志英：《獨龍族社會文化與觀念嬗變研究》（昆明市：雲南人民出版社，
　 2009年），頁123。

度稀缺的社會的人對財富和權利的幻想，那些幻想的力量來源於獨龍江外，這在對「南木」的描述中體現得非常充分。鬼魂的觀念使得一部分人被排擠出群體生活，同時這種觀念體系又能做出自我適應的調整，使得社會結構趨於穩定，避免出現明顯的社會分層；而牛肉等肉食分享的觀念也在一定程度上限制了個體財富的累積。概括而言，信仰的力量通過各種儀式方式，將社會成員融合成一個彼此高度依賴的共同體；同時，儀式活動有助於修復緊張的人際關係，重新確立群體的價值觀和世界觀。

第二節　基督教精英的角色及教堂活動

　　隨著鴉片戰爭後國門的開放，外來傳教士滲透到中國各地。1913 年始，英緬內地會和浸禮會傳教士多次到怒江流域傈僳族地區活動；與此同時，雲南內地會滇西教區的傳教士亦不斷向這一地區擴張，並自 1929 年以後深入到傈僳族和怒族地區開辦教會。美國基督教傳教士 J.R. 莫爾斯（J. Russell Morse）經歷了巴塘藏族聚居區失敗之後，於 1931 年來到滇西，先後在維西、福貢、貢山等地建立教堂教會組織。到 1950 年，貢山的基督教會教徒發展到 1400 餘人，成為該地區最大的外來宗教勢力。[17]

一　傳教的人生史：此約翰非彼約翰

　　莫爾斯首先將《聖經》翻譯成傈僳文，逐漸在傈僳族居住地區建立了傳教據點。大約在 1942 年，教會培養的傈僳族教徒波洛被委任

---

17 參見雲南省地方志編纂委員會：《雲南省志（卷六十六）宗教志》（昆明市：雲南人民出版社1995年，頁226-237。

為「麻扒」（傈僳語，即牧師），並被派往獨龍江傳教。波洛先在獨龍江南部的孟定傳播福音，後南至托洛江、狄子江、乃玉堆一帶進行活動。從此，基督教傳入怒江州。當時，碧江地區的傈僳族、怒族教民在遵守基督教的教律時還根據本民族群體的社會特點，仿照《聖經》十條戒律制定新的十條戒律，即不飲酒、不吸煙、不賭錢、不殺人、不買賣婚姻、不騙人、不偷人、不信鬼、講究清潔衛生、實行一夫一妻制。[18]這十條戒律成為基督教約束和規範信徒的準則。由於基督教儀規與獨龍江本土信仰不相容，特別是禁止信徒抽煙、喝酒和祭鬼的規定，起初信教的人不多；後來，傳教士利用在傈僳族地區成功傳播的模式，先培養出本土傳教人員，通過這些本土宗教精英，逐步擴大在獨龍江的影響力。這些早期學員在教堂裏學習，重新獲得了名字，如伊裏亞、約翰等，他們與基督教在獨龍江的傳播事業緊密聯繫在一起。

波洛將土生土長的伊裏亞、約翰等人送到貢山、維西或緬甸坎底教會，將他們培養成為對獨龍族傳播福音的麻扒。[19]根據楊毓驤的調查，除了伊裏亞，還有 4 個約翰，分別是斯拉洛村的阿帕‧約翰以及迪郎當村的格朗當木‧約翰、木臘達幾‧約翰、熱那‧約翰。[20]當時在教會培訓時，他們都是十幾歲的少年，1947 年波洛病逝後，他們成了主要的傳教者。但是，這些早期的傳教精英，處於新舊政權交替之際的複雜政治環境中，每個人都經歷了不一樣的遭遇。

伊裏亞於 1913 年出生於獨龍江馬扒蘭，是最早接受基督教會培

---

18 參見雲南省編輯組：《中央訪問團第二分團雲南民族情況彙集》（上）（昆明市，雲南民族出版社，1986年），頁21。

19 參見貢山縣政協文史資料委員會編：《貢山文史資料》（第一輯），1986年刊印，頁158-160。

20 參見楊毓驤：《伯舒拉嶺雪線下的民族》（昆明市：雲南大學出版社，2000年），頁127。

訓的人。1965 年被選為怒江政協副主席；1985 年 2 月 2 日，貢山縣
召開基督教代表會議，選舉產生了貢山縣基督教第一屆「三自」愛國
運動委員會（簡稱「三自」愛委會），伊裏亞當選為主席，同年參加
怒江州教牧人員培訓班；1986 年被立為基督教牧師，他也成為獨龍
族第一個基督教牧師。[21] 1988 年 8 月，伊裏亞當選為怒江州基督教
第一屆委員會常務委員會委員、怒江州基督教「三自」愛國運動委員
會第一屆委員會副主席、怒江州基督教協會第一屆委員會副委員長，
其後還被選為雲南省基督教協會第一、二屆副會長等，多次參加省裏
的基督教會議。[22]

　　阿帕·約翰是來自斯拉洛木里門家族的人，曾在緬甸獨龍族人村
寨生活了 7 年。這期間，他學習緬甸日旺文（在獨龍族人一支語言基
礎上創立的文字）《聖經》，從事傳教活動。由於他有在緬甸學習和傳
教的經歷，新中國成立後，被政府安排到貢山縣文化館工作；後又被
選送到雲南民族學院學習，回到貢山後，開始從事民間文學的收集和
創作。20 世紀 80 年代，在緬甸日旺文基礎上，阿帕·約翰和雲南省
少數民族語文指導工作委員會工作人員共同提出獨龍語文字方案。該
方案於 1984 年開始在貢山縣獨龍族幹部、教師和家屬中得到試用。

　　相比上述兩位在政治、文化事業上的成功經歷，同樣是最早接受
西方傳教士洗禮的木臘達幾·約翰卻遭遇人生的磨難。我們在獨龍江
田野調查期間，有幸見到老人家。目前，他身體狀況不好，和有腿疾
的侄女相依為命。老人聲稱已有 104 歲。[23]談起過去經歷的各種事情
時，老人滔滔不絕，如數家珍。

---

21 參見伊裏亞：〈「三自革新」，愛國愛教〉，政協怒江州委員會文史資料委員會編：
　　《獨龍族》（德宏：宏民族出版社，1999年），頁147。
22 參見高志英：《獨龍族社會文化與觀念嬗變研究》（昆明市：雲南人民出版社，2009
　　年），頁220。
23 2012年6月22日巴坡村獨務當小組訪談資料。

約翰出生在山裏，那時候獨龍族人由於開種火山地，居住不定，沒有吃過一頓大米飯。火山地種包穀、小米、芋頭，遇到雨水多的年份，火燒不起來，莊稼歉收。他的家裏人多，糧食不夠吃，經常去挖野菜、摘野果吃。大概十幾歲的時候，約翰和哥哥跟著老師（波洛）到貢山丹當學習傈傈文。那裏有美國人莫爾斯開辦的基督教會學校，同去的還有 3 個獨龍江的獨龍族人。他記得莫爾斯住的房子有 3 層，除了他自己，還有他的妻子和兒子住在一起。莫爾斯有 3 個兒子，分別是尤蘇、尤畢和尤斯，都是教會成員，平時也教人傈傈文。學習了半個月後，尤斯與尤畢跟著約翰他們來到獨龍江。這兩個美國人來了兩次，最後一次在約翰家住了一個晚上。波洛對幾個學習《聖經》的年輕人說：「你們去找熟人，教他們學習傈傈文。」然後，約翰他們到處去教人學習傈傈文（傳教），之後陸續也有人來找他們學習。隨後，約翰和幾個教友跟著波洛去緬甸傳教。到緬甸後，波洛生病了，吃不了飯，也走不了路。他們幾個年輕人背上吃、睡的用具，把波洛帶回了獨龍江。但是，波洛的病情沒有好轉，反而更嚴重了，全身發腫，兩個禮拜後病逝。

1948 年，約翰被貢山教會選派到維西學習 1 年。他班上有 6 個獨龍族學員，除了他還有孟定的伊裏亞，另外幾個人是從緬甸教區過來的。1 年後，他們回到獨龍江，如約翰所說「到處教人學傈傈文」。經過他們幾個本土教員的努力，信教的人數增加了很多，大概有 100 多人。1950 年，他們幾個年輕的信徒跟著莫爾斯的三兒子尤斯（負責獨龍江教區）再去緬甸——美國人說的「到沒有被解放的地方」，即緬甸北部猛臘迪（音）學習。一年集中學習兩次，有時學習 1 個月，有時學習半個月，學完後被派到各村去教其它人。跟著美國人學習的信徒有 4 個人，除了約翰、伊裏亞，還有魯色、邦納巴。他們分別負責在某一片區教傈傈文，傳播基督福音。伊裏亞負責現在的

巴坡這一帶村落，而約翰被派到緬甸德羅郭（音）、木克甘、鄧杜（音）等村子傳教，6 年後各「麻扒」相互調換了位置。約翰在緬甸期間，娶了緬甸女教友為妻，生了兩個兒子。1957 年有人帶話給約翰，讓他回巴坡看父母。回到老家後，父母身體還好，約翰還為他們背了 6 捆柴火。幾天後，在返回緬甸的途中，有幾個穿著軍裝的兵攔住了他，並用槍指著他說「不要動」。還沒來得及見妻兒，當天晚上他就被帶出獨龍江。3 天後，他被帶到貢山關起來，之後以「特務」的罪名被押送到麗江農場、礦場和昆明等地勞教。

就在那幾年，各種名目的政治運動將矛頭指向了與美帝有關聯的基督教及其教徒，《聖經》被燒毀，「麻扒」被批鬥，大批信徒逃往南部緬甸山區。約翰談到被抓一事，今天已經很坦然了，只是告訴我們，他是冤枉的，在那種政治環境中，他的傳教者身份讓他難以逃脫厄運。

後來約翰明白了穿軍裝的人抓他的原因。當時中緬未定界的木克甘村也有一個跟約翰同名的人，此人在緬甸養著兵，在約翰回獨龍江時，那人也過來了。聽到要抓人的消息，那人就躲到親戚家裏，而約翰恰好路過那個村子，就被當作特務抓了起來。「四人幫」垮臺後，約翰得到平反，並被安排到昆明清華拖拉機廠[24]當工人。當聽說妻兒還在緬甸時，約翰向工廠領導請了假回到獨龍江。原計劃親自到緬甸空賢（村名）把妻兒接回來，但是當地政府不讓他出國境，他只好寫信讓人捎過去。苦等 1 個月後，約翰終於見到了闊別多年的妻子和孩子。那時當兵的人經常來看他，並告知他妻子不能再回緬甸了。當地政府分了一間房子，讓他們住了下來。由於向工廠請假的期限到了，約翰和他的妻兒不得不再次分離。這之後，約翰多次請假回家探親。

---

24 昆明清華拖拉機廠，後改名為「昆明農用機廠」，最近又改名為「金馬農用機械廠」。

那時，貢山到獨龍江沒有通公路，只有人馬驛道，來往十分不便。約翰本想帶妻子到昆明一起生活，但她的籍貫是緬甸，當地政府不允許她離開獨龍江。約翰向政府表達了困難：「這裏沒有吃的，房子又小，不讓她跟著我，又不准她回緬甸，這日子怎麼過？」最終政府同意了他的請求。可是，他們到了昆明後，同樣面臨著吃住的問題。幸好當地政府捐助了 100 元生活費，並安排了一個房子給他們住下來。約翰的妻子在昆明住了 3 年，由於她不會講漢語，生活上遇到很多麻煩，只好向政府申請回到獨龍江生活。1983 年，約翰退休後，一家人返回獨龍江老家巴坡。幾年後，他妻子發病，身體發腫，當地醫院治療無效，最後病逝在醫院的病床上。

約翰退休回到獨龍江後，每個月還領到退休金。由於獨龍江沒有銀行，都是通過匯到貢山縣親戚那裏然後再轉交給他的，因而他懷疑他人從中拿了一部分。雖然那個親戚有時會送幾件衣服過來，但是具體拿了多少錢沒有告訴約翰，為此他很生氣。最近一年，約翰沒有收到退休金，因為昆明那邊懷疑約翰已經不在人世了。2011 年 11 月，他的孫子向人借了 1000 元到昆明農機廠反映情況，1 個月後約翰又重新拿到了退休金，現在每月仍然領到 1000 元錢的退休金。

由於約翰不是本地農村戶口，他沒有分到耕地。這個問題以前還可以通過到山上開火山地來解決，但是現在國家實施保護生態的政策，不能再到山上開火山地來生產糧食。另外，由於戶口的問題，他不能享受低保補助，也沒有得到退耕還林糧食發放，全靠他用退休金到店鋪購買大米。現在，約翰老了，身體不好，不能勞動。和他住在一起的是侄女，緬甸籍人。她的腿癱瘓了，緬甸那邊的生活條件比獨龍江還差，約翰就把她背過來獨龍江生活。實際上，約翰很多親人都生活在緬甸。約翰的父母在他勞教期間病逝了。大哥大嫂在他回到獨龍江後也去世了。二哥三哥在緬甸，現在也都去世了，他們的後人繼

續生活在緬甸，但經常會回到獨龍江探親與購買生活物品。現在，約翰的兒孫在緬甸，他們都信基督教。孫子結婚了，生了8個兒子1個女兒，都還沒有成家。他們生活困難，經常來找約翰要錢。老大老二去年趕馬路過約翰家，說是準備娶老婆，約翰給他們每人1000元錢。最近他得到消息，他的兒媳病了被送到坎底醫院治療，約翰送去了200元錢。目前，當地村委會也在努力為約翰老人解決生活困難問題。在我們動身採訪老人之前，村委一個負責人告訴我們，村委已經為他申請養老院生活資格，今後鄉政府蓋好養老院後，約翰和他的侄女可以到那裏生活。

約翰是個虔誠的基督徒，即便在勞教期間，也不忘做禱告。回到獨龍江後，他還積極參加教堂活動，教年輕人傈傈文。約翰老了以後，身體不好，很少參加教會的活動，但他堅持每天誦讀《聖經》，信仰成為他現在生活中最重要的精神力量。最後他總結說：「我一直服從人民政府的安排，讓我做什麼我就做什麼，叫我勞動，我從來沒有偷懶過，天天勞動，從沒有請過假。」

二　新時期教會的管理制度

木臘達幾‧約翰的人生經歷反映了國家對基督教的謹慎態度。處於政治運動高潮初期，宗教組織和活動基本被取締了，直到20世紀80年代，獨龍江地區的基督教活動才開始恢復。信教者主要集中在獨龍江下游的巴坡行政村和馬庫行政村的 11 個自然村。10年之後，基督教的傳播發展迅速，從下游擴展到傳統宗教信仰區域——中上游的孔當以上各行政村。這些地方都有了信徒和教堂，儘管建蓋的教堂有些是臨時性的，但終究有了活動的場所。獨龍江基督教堂隸屬於貢山縣「三自」教會管理。獨龍江鄉教會原來有兩個長老，後來改設為

一個長老和一個秘書。各個教堂基本上是獨立的。我們採訪了巴坡和馬庫村教堂的負責人，從中瞭解到整個鄉基督教的運作情況。

馬庫村委會獨都村小組在 1984 年率先恢復了基督教禮拜活動。獨都村的來歷在第二章已做過介紹。那裏原是獨都家族的主要聚集點，村民的房舍分散在陡峭的半坡上，教堂則建在一塊位置較高的臺地上。站在教堂門口，整個村寨盡收眼底。據獨都教點的傳道員迪氏介紹，本村的教堂在恢復基督教信仰後兩年才建成。一個教堂設有 5 至 6 個負責人，他們的職務分別是傳道員、執事、禮拜長等。通常，一個教會組織設 1 個傳道員、2 個禮拜長、3 個執事。傳道員為教會總負責人並負責周日講經傳道，禮拜長安排信徒進行唱歌、講經、讚美神等教堂活動，執事負責教堂的衛生並在聚餐活動時做飯做菜。傳道員比較固定，原則上執事、禮拜長每 3 年選 1 次。

獨都教堂傳道員迪氏，同時兼任全鄉傳道的長老一職。長老和秘書兩個職位由全鄉各個教堂負責人開會投票選出來，任期兩年半。每次開全鄉教會的地點不固定。有時縣裏「三自」愛委會的負責人參加，並由他將會議的情況和結果彙報給縣民族宗教事務局。長老的職責，一是監管教會的資金，二是到各個教堂傳道，一年至少要求出去傳道 12 次。迪氏說：「如果不出去看，就不知道其它教堂的資金管理情況以及各個教堂的教會是否穩定。」巴坡村委會下屬的拉旺奪教堂傳道員迪新生亦提供了類似的信息：「長老負責監督教會，一年到我們這裏一兩次。一方面來講《聖經》；另一方面瞭解教會搞得好不好，是否按照《聖經》裏講的那樣嚴格要求信徒，和非信徒之間有無衝突和糾紛。」[25]由於長老的主要職責是講解《聖經》內容，因此必須是一個善於講演的人。據迪氏介紹，長老要具備以下幾方面要素：

---

25 2012年6月20日拉旺奪村對迪新生的訪談資料。

　　擔任長老一職的人要具備幾方面的條件。一是具備講道的能
力，二是有文化知識，三是對基督教的信仰堅定，四是入教的
時間長、資格老。剛入教的人不可能擔當長老職務，因為他沒
有傳道的經驗。有文化知識的人是指初中、高中畢業生，或者
有中專學歷的人。當然還有其它的條件，比如在年齡上要求
40 歲以上，但主要還是上述四條。[26]

　　目前，長老每月有 100 元的活動經費，這些錢來自各個教會信徒
的捐獻。迪氏認為，講道是完成神的功德的行為，每個信徒向神捐獻
也是一種功德。迪氏年初才當選為獨龍江鄉基督教會的長老。他之所
以能擔任這個職位，除了上述他所提到的幾個條件外，我們認為還有
一個重要的因素，那就是他的語言優勢。他既懂漢語，也學習了傈僳
文，近幾年還參加了獨龍文學習培訓。因此，在講道時，看的是傈僳
文版的《聖經》，講的時候用獨龍語；在唱《讚美詩》時用的是傈僳
文，懺悔和祈禱時用的是獨龍語。這樣信徒容易接受，也願意來聽講
道。當地使用的《聖經》有傈僳文版、漢文版以及日旺文（緬甸獨龍
文）版，而《讚美詩》多用傈僳文版的，所以對傳道員來說語言技能
要求很高，在講道、唱詩時必須懂得靈活運用不同語種。

　　迪氏今年 45 歲，剛步入中年；夫人是巴坡拉旺奪人，性格豪
爽。他們育有二女一子。大女兒於昆明旅遊學院畢業，2011 年與本
村男子結婚，所生女兒已經一個月大了；二女兒 2012 年初中畢業，
也回到家裏；小兒子於六庫中專畢業，準備到保山市讀大專院校。由
於家中讀書人多，經濟壓力不小。前幾年，政府挖通了巴坡到馬庫的

---

26 獨都迪氏提供的信息來自2012年6月24至25日訪談筆記（由於傳道員都能講普通話，
　不需要另找翻譯）。

公路，旱季時通車。於是，他們把家搬到路邊，開小賣部，經營零食和日用品；同時，還專門開了一間簡易旅客房，主要為前來購物的緬甸人提供住宿和飲食服務。家裏事務由女人和女婿負責管理，迪氏則專注於教會和傳道事業。他 1983 年初中畢業回家務農，沒過多久，村裏一些人開始信教，他也就在這時候接受了洗禮。信教之後，他學習傈僳文，先在本村跟著傳道員學習，後參加貢山教會組織的培訓。他認為，學習傈僳文並不難，通過唱《讚美詩》來學，學習效率高。他只用了兩個禮拜就學會了。在獨龍語方面，他先在貢山跟阿帕‧約翰學習，然後再到昆明少數民族語文指導委員會跟隨李愛新學習。這些學習和培訓活動都是政府和「三自」愛委會組織安排的，有時他還受邀到緬甸教區參加交流活動。

獨龍江南部與緬甸獨龍族人之間的親友走訪和經貿互動，為兩地教會的交流和互訪提供了契機。迪氏說：

> 我們都信仰基督教，信仰同一個耶穌。耶穌就是我們獨龍族人的「格蒙」，是地位最高的神，無可替代。他們教會的人來這裏參加我們的教堂禱告活動，但是我們政府規定不能讓他們的傳道員來給我們講《聖經》。我們這裏路通的時候，政府的人有時候會來教堂看的。我去過緬甸並與他們的教會交流過。他們的政府管得不嚴，我可以在他們的教堂裏講《聖經》傳道。我們都是一個民族，我在那邊也有很多親戚。我的親戚主要分佈在木克甘、瓦齊丹、龍孟（音）等地。我去那邊住在親戚家裏，他們會熱情招待我，每頓飯有四菜一湯。如果是教會請客，吃得更豐盛。我們去那裏，他們非常歡迎。他們房子的蓋頂是由茅草、竹葉子編織的，下面由竹篾笆包圍著，只有富有家庭才能住上蓋鐵皮頂的房屋。住在邊界線上木克甘村的人生

活比較苦，那裏不適合種大米。他們所種的洋芋，都是從我們這裏背過去的，但產量不高，收穫後一個月就吃光了，因此他們嚴重缺糧。從這裏去緬甸，沒有公路和馬路，只有山路。走山路非常危險，走到他們的縣城要一個禮拜。他們縣城的房屋建設太落後了。我去過兩次，前後相隔 10 多年，但是現在縣城的房子還和原來的一樣。那裏的村民認為是緬甸政府的問題。學校的房子也非常破爛。教堂的房屋蓋得比學校的好，屋頂上蓋的是從中國這邊買來的鐵皮，比茅草堅固和耐用。不過，建設教堂是由教會出資的，他們對信教很熱情。2002 年，我們受邀請參加他們州里舉行的耶誕節活動，周邊村裏的信徒都過來，有上萬人。那邊除了緬甸政府稱為日旺族的獨龍族人，還有緬族、景頗族、傣族、拉祜族等很多民族分散居住。去參加他們的活動，要爬很多山，還要經過兩座像高黎貢山那麼高的山。現在我年紀大了，腿腳不好，這幾年都沒有出去。

　　我們在馬庫訪談期間，每天都見到來自緬甸的獨龍族人。他們有的是出來購買糧食與生活用品，有的是走訪親友，有的是出來打工賺錢。每逢教堂活動，這些緬甸人也會跟隨他們的親戚一起到教堂做禱告、唱《讚美詩》，沒有一點生疏感，一切都是那麼自然和有序。巴坡、馬庫的一些年輕人亦在趕馬送貨之際參加緬甸那邊的教堂活動，當地教會也組織年輕人去緬甸學習日旺文。據報導人說，今年 5 月份舉行的活動，參加培訓的人主要是木克甘附近的村民，獨龍江這邊只有十幾個人。

　　拉旺奪村小組的迪新生是一個威望比較高的「麻扒」（傳道員），今年 70 歲。他的夫人和孩子都是基督教徒。他的父母在 1950 年開始

信教，他本人是受父母影響才信教的。1958 年獨龍江搞「三反」、「五反」運動，反對信教，信徒們很擔心，就跑到緬甸去。那時中緬之間還沒有劃定界線，兩地親戚之間來往比較自由。迪新生向我們講述了那段經歷：

> 我那時六七歲的樣子，當時很多人跑去緬甸。我跟著父母走，到了那邊隨便蓋了房子住下來。3 年後，有人說中國這邊生活好了，叫我們回去。因為在緬甸生活過得也不是很好，我們就回來了。政府送給我們大米、茶葉、鹽巴和衣服。但是，還有一些人沒有回來。我的哥哥當時沒有跟我們一起回來，去年過世了。他有兩個兒子。他們的兒子一年過來兩三次，主要到巴坡買糧食。[27]

迪新生唯讀過小學，但是信教時間已有 23 年，屬於資格比較老的信徒。他多次參加貢山、福貢、六庫等地教會組織的傈僳文學習培訓班；目前擔任拉旺奪教堂的傳道員，這個職務是他在貢山學習培訓時由縣民族宗教局任命的。我們在教堂牆壁上看到一張「青年培訓班」經費捐獻名單。原來這是由迪新生等人組織的一年一次學習經文（傈僳文）活動的經費捐獻名單。這種活動時間為一個禮拜，屆時全鄉 300 多名年輕人自願來參加學習，通過這種集中學習和培訓，擴大基督教在獨龍江的影響力。巴坡、麻扒蘭教堂有一個年輕的傳道員楊氏（30 歲），早年跟隨迪新生學習講經傳道，後來又去貢山學習傈僳文，2005 年由所在教會投票選舉擔任傳道員。

目前，獨龍江鄉的基督教發展很快。據迪氏長老介紹，每 2 個小

---

27 2012年6月20日訪談資料。

組有 1 個教堂。其中，馬庫有 3 個教堂，巴坡有 4 個教堂；孔當的教堂比較破舊，因為沒有地基就一直沒有改建；龍元、迪政當也都有教堂。全鄉大概有 10 個教堂。現在每個村都在進行新農村建設，未來村落規劃中教堂也要重新建蓋。迪氏說：「新農村建設好了，我們的教堂也要重建。這個規劃中的教堂比原來的教堂還要大。建教堂的經費由『三自』愛委會籌集，我們自己的教會也要負擔一半。」筆者調查期間發現，木蘭當、迪政當、熊當教堂的傳教員都非常年輕，年紀都在 30 歲左右；他們接受完九年義務教育，屬於初中畢業生，學習經文和接受能力強。這也是基督教得以迅速發展的一個原因。

三　儀禮與禁忌

我們在南部村落進行田野調查期間，總要與信教的家庭、信徒訪談和相處。與北部不同的是，我們在和房東一起吃飯時，需要和他們一起做禱告，然後才進食。當然，並非每家的情況都一樣。巴坡村是南部地帶人口比較集中的村落。2000 年以前，這裏是獨龍江鄉政府駐地，也是物資集散地。政府搬遷到孔目之後，巴坡又還原為一個行政村，轄有斯拉洛、獨務當、木蘭當、米裏王、巴坡、麻扒蘭、孟定及拉旺奪 8 個自然村小組，共 209 戶 787 人[28]，是除現位於鄉政府所在地的孔當村外人口第二多的行政村。巴坡村委會所在地仍然保留著幾家過去供銷社的房子，但已變成私人承包的商店。它比村寨裏的小賣部規模大，貨物更加齊全，為本地及南部、緬甸獨龍族人供應糧米、油、普通藥水及生活日用品。另外，如同過去一樣，這裏是獨龍江鄉基督教信仰的核心地帶，目前有 4 個教堂分佈在各個村寨裏。

---

28 資料由鄉政府辦公室於2012年7月10日提供。

　　我們進入巴坡之後，首先在木蘭當入住訪談。筆者的房東是一對年輕的夫婦，他們有一個 3 歲的兒子。男主人是共產黨員，不信基督教；妻子是馬庫獨都人，信仰基督教。吃飯時，男主人說不用做禱告，一連幾天都如此，也沒有令其妻不快。據筆者在北部迪政當村的生活經驗，妻子信教，丈夫喝酒、吃飯時也不一定要做禱告，這樣的家庭信仰組合在獨龍江為數較多。

　　在孟定村，我們住在 63 歲的孟開家。他夫人今年也 62 歲了。他們有 4 個兒子 1 個女兒，老人和未成家的小兒子住在一起。孟開老人因為害怕批鬥，曾在 1958 年跟隨親人躲到今天緬甸的古賢村。但是，那裏土匪多，社會治安不好，缺鹽巴、衣服等生活物資，生活困難，到了 1964 年他又返回中國這邊的老家。兩位老人都是虔誠的基督教徒，每天晨起、吃飯和入寢前都要做禱告。尤其是在吃飯前的禱告，令人印象深刻。與木蘭當的房東不一樣，吃飯時兩位老人並不同我們一起進餐，好幾天都是如此。筆者就很納悶，後來才知道因為他們吃飯前都要做禱告，擔心我們不習慣才分開吃的。

　　馬庫村的房東也信仰基督教，但他們沒有避諱和我們一起進餐，而我們也跟他們一起做飯前的禱告儀式。房東告訴我們，最後喊一句「阿艾」就可以了。「阿艾」為獨龍語，意思為感謝（上帝），於是我們每次跟著他們一起喊「阿艾」之後才開始吃飯。

　　每天晨起、晚寢和正餐前的禱告是信徒日常生活中的基本儀禮。《聖經》告訴他們食物是上帝創造的，正像傳統獨龍人認為食物是天鬼「格蒙」和獵神賜予的一樣。另外，他們生病時，除了做禱告，找村醫治療、輸液是最常見的治療方式。拉旺奪的迪新生認為，相信上帝和醫生（科學）並不衝突，而且不僅要在教堂裏做禱告，吃飯睡覺時做禱告，還要時刻在內心做禱告。

　　獨龍江基督徒日常的宗教生活包括禱告、禮拜和晚會。每逢家中

大事，涉及出遠門、婚喪等事情，也要閉目禱告並向上帝獻上讚美和感謝。每禮拜三、禮拜六、禮拜日參加集體的宗教活動。教牧人員宣講《聖經》，帶領聖徒唱《讚美詩》。為了不影響勞動時間，禮拜三、禮拜六白天照常幹活，下午六點飯後再到教堂禱告和唱《讚美詩》，持續 1 小時；禮拜天屬於安息日，信徒不能勞動，教堂的活動內容還要加上傳道員講經和吃聖餐的儀式，時間為 24 小時。下面是筆者參加一次獨都教堂禮拜天的活動記錄：

> 教堂建在地勢較高的緩坡上，從這裏可以看見整個村落，不過現在樹葉多影響了視線。教堂四周用竹編的篾板圍起來，屋頂蓋石棉瓦。正門口上掛著一匾，上書「獨都教堂」，屋簷下豎掛一口鐘，教堂有活動時以敲鐘來召集信徒。室內分為兩個部分：上面為講道者的位置，其右邊擺著一張桌子、一張椅子，上面鋪著獨龍毯；下面是信徒的座位，擺著小凳子，按男左女右的方式分成兩邊，中間為過道。我們去時，只見一個小夥子在擺放臺上的桌椅，旁邊還擺著音響設備、一把吉他以及幾袋大米。屋內正牆上掛著一塊黑板，用於教授傈僳文，因為《聖經》是用傈僳文寫的，只有學會了傈僳文才能看懂、唱會《讚美詩》。偏牆上掛著「請關閉手機」[29]幾個漢字。長老也來了，坐在最前排。見屋內只有幾個人，作為傳道員，他感歎道：「敲了兩次鐘，為什麼還沒有人來，這麼冷冷清清？」長老是屬於獨龍江鄉基督教會的，但他本人是獨都人。他來到之後，翻閱《經書》。今天他要講《聖經》，即當地人說的講故

---

[29] 後來問迪長老。他解釋道：「打手機會影響別人，這是神聖的時刻，開手機破壞了這個氛圍，不莊重。這是神聖的一刻，是神與人交流的一刻。我們要珍惜這短短的寶貴時間。」

事。以前，他到縣裏學習傈僳文，又到昆明學習漢語，是獨龍
江為數不多的精通傈僳文、獨龍文又懂漢語的人之一。他說，
近年緬甸那邊有人把《經書》翻譯成獨龍文。

據先到的小夥子介紹，本村教會的職員有8個，其中傳道員2
人、禮拜長2人、執事3人、長老1人。長老、傳道員負責講
經。長老的講經範圍是整個獨龍江，他要定期到各個教堂講
經。當地的信徒也把他們稱為「老師」。這名小夥子初中畢
業，通漢語，是禮拜長之一，負責教堂衛生與設備管理。

按計劃，教堂活動是中午12點開始，此時才陸續有人進來。
房東的女兒江英芳和色丹也來了，她們是唱詩班的成員。進入
教堂後，各人先找到凳子坐下來，然後低頭細語或默念禱詞，
做完這些才跟其它人打招呼。進來的信徒有老人也有中年人，
還有小孩（被大人一起帶過來的），各個年齡層的人都來了。
在這樣的陰雨天氣，不睡覺、不打牌喝酒，來教堂唱歌聽講
道，不失為一種積極的生活。整個活動程序如下：①12：30
時人來了一半多，主持人禮拜長先帶領信徒一起做了禱告（獨
龍語），然後一男子上臺引導眾人唱《讚美詩》（傈僳文），同
時主持人安排一男子在座位上站起來進行禱告（獨龍語）；接
下來輪到長老講經，他走到臺上用獨龍語介紹，約一小時。此
時，臺下一片安靜，人們跟著長老的速度翻著手上的經書。小
孩從奶奶的懷抱裏跑出來，鑽到另一邊爺爺的懷裏，過一會又
返回奶奶身邊；如此往返，樂此不疲。長老講經結束，眾人齊
喊「阿艾」（感謝我主、上帝、耶穌）。這時，一男子上臺引著
大家唱歌（傈僳文），另一男子在自己座位上站起來禱告（獨
龍語），同時主持人宣佈休息10分鐘。就像上課的學生課間休
息一樣，教徒們到外面上廁所、聊天。②10分鐘後，一男子

　　上臺引導眾人唱歌，另一男子站起來禱告，眾人低頭。同時長
老帶著唱詩班成員（有男有女，年輕人居多，共 10 個人）唱
《讚美詩》；然後一傳道員上臺先教大家傈僳文、後講經，完
畢，眾人齊聲「阿艾」。③禮拜長安排的人沒來，就自己引領
眾人唱歌。④長老主持聖餐儀式，兩個執事，一人托著熟土豆
片、一人托著裝有聖水[30]的小杯子，然後遞到眾人面前，信徒
吃土豆、喝水。⑤長老主持，一男子站起來禱告；長老回到座
位上站著，面向臺前說講，同時眾人站起來一齊禱告。⑥14：
30 結束所有活動。[31]

　　從當天教堂活動的場景來看，講經、禱告都是男的，唱詩班有一
半是女性，到場的信徒男女人數相當。巴坡麻扒蘭教堂的情況也是
如此。

　　而參與另一次迪政當教堂活動時，我們發現也是男的講經。做禱
告的也是男的，是我房東李付的哥哥。他祈禱的內容是：「今天我們
穿得乾乾淨淨，祈求上帝保祐你的子民，平平安安……」整個村的男
信徒比女的少，當天也只來了兩個男的。信徒將剛剛收穫的青瓜帶來
送給「老師」（傳道員），據說每次聽講道時信徒會自願帶些禮物送給
傳道員。迪政當的教堂空間很小，只能容納二十幾個人。周末時，整
個行政村的信徒都到熊當教堂活動。

　　除了每周定期的教堂活動，每年 4 月復活節、10 月感恩節以及
12 月耶誕節，教堂裏都會舉行盛大的活動。節日活動的內容包括：

---

30 長老介紹：聖水代表耶穌的寶血，只有受過洗禮的人才能喝；喝的時候內心要懺
　　悔，這樣耶穌就活在信徒的心中，保護信徒；信徒吃了聖餐和聖水，表示以後會見
　　到耶穌。
31 2012 年 6 月 24 日獨都田野調查筆記。

「麻扒」講演《聖經》比賽，老人、兒童和婦女唱《讚美詩》比賽，教徒們背誦經節並集體禱告。除此之外，所有參加活動的教徒自帶米糧和肉菜，由執事安排人員負責宴席。這三次大的節慶中，只有耶誕節是全鄉教徒在一起活動，通常在南部較大的教堂裏組織過節，而其它節慶都是在各自所在的教堂自行組織活動。活動期間，非教徒也可以參加，但是不能在活動中抽煙和喝酒。

迪氏長老認為，定期的教堂活動是區分信徒與非信徒之間的首要標準。他說：「如果我們星期天也幹活，那跟不信教的人沒有什麼區別了。主安排我們這一天讀經、禱告，如果幹活了，就違反了《聖經》的規定。」

第三節　適應的困境：信仰的理由在哪

人們的生活方式，與所處的社會自然環境和持有的價值觀相聯繫。獨龍族傳統社會以輪歇式的農業和狩獵為謀生手段，認為天鬼和各種鬼靈主宰著人們的健康、收穫、運氣等，因而生活中遭遇的種種不幸也歸結為這些鬼魂作祟。在這種信仰和觀念的支配下，人們經常釀製酒水、拿出所有的財物，舉行各種獻祭儀式，向各種鬼靈乞求賜福、贖罪和償還。這是獨龍族人處理疾病、人際關係和解釋自然現實的綜合體系，它是與生活物資稀缺、各種政治勢力擠壓和極度依賴自然資源的生存處境相適應的。當外在的社會環境和生活條件發生變化時，人們遇到的困難和現象無法用傳統的觀念體系解釋和處理時，人們就會產生慌亂。而這種時刻，就是外來宗教獲得發展的時機。

前面提及，基督教傳教人員波洛在南部傳教之初，由於教徒有禁止抽煙、喝酒、祭天鬼的戒律，所以很少有獨龍族人信教。隨著本土的一批獨龍族人成為傳教骨幹之後，獨龍江信教的人逐步增多。

1950 年，獨龍江下游地區發生連續性的地震，獨龍族人無法解釋這種自然現象，無比恐慌。恰在此時，身在此地的外國傳教士出來解釋：「天翻地覆了，只有信教的人才能保住性命。」耶穌被塑造成了救世主。人心惶惶的獨龍族人整家整村地加入了基督教，有時一天晚上便有數十人入教，入教人數猛增到 500 多人。外籍傳教士欣喜過望，在孟定村與教徒合影留念，並先後在馬庫、孟定、拉旺奪村辦了教會學校。[32]地震帶來的影響，表面上看起來是人們對自然現象產生的恐懼心理，實際上反映了當時的政治背景：共產黨取得中國內地的政權，一批外國傳教士被驅逐，獨龍江正準備納入新中國……據獨務當（村）老約翰回憶，莫爾斯的三兒子尤斯此時在獨龍江傳教，而後帶著他們去「未解放的地區緬甸」繼續傳播福音。換言之，大部分人在入教之初，並不是從教義理解的角度去接受一種外來的宗教，而是帶有現實性，希望宗教能滿足安撫慌亂的心理需求，同時外籍傳教士的蠱惑計謀也起到了推波助瀾的作用。

　　這就涉及入教的動機問題。筆者認為，早期接觸基督教並加入的教徒，並不能解釋為單純的信仰問題，而是在特定自然環境、政治經濟背景下的產物。張橋貴分析南部下游地區的獨龍族人為何比北部的人接受基督教早，並成為獨龍江基督教發展的核心這個現象時，認為有三個方面的原因：

> 其一，無論從境內（貢山）或境外（緬甸）往獨龍江傳教，都要取道下游地區；其二，中華人民共和國建國前獨龍江孔當以上一帶深受察瓦龍藏族土司的統治，藏族土司不允許這一帶的獨龍族人信奉基督教；其三，上游地區吸取了許多苯教因素的

---

32 參見張橋貴：《獨龍族文化史》（昆明市：雲南民族出版社，2000 年），頁75。

獨龍族原始宗教得到比較系統化的豐富和發展，社會文化的根基較為深厚，也在一定程度上抵制了基督教在這一帶的傳播。[33]

張橋貴提到了基督教在獨龍江南北發展的差異主要受交通位置、北部政治勢力和文化根基因素的影響，顯然他忽視了本土傳教精英個人的因素，精英們在傳播基督教過程中的作用沒有受到重視。早期接受外來宗教的伊裏亞、約翰等人當時只有十幾歲，他們家庭生活艱難而又對新事物、新生活充滿著期待和幻想。他們後來被選派到貢山、麗江等地培訓，接觸到比獨龍江更寬廣的世界，其心態和認知與其它人不同。正如獨務當的約翰所言：「那時的傳教士年輕力壯、熱情高，傳教很能吃苦。自己背上一點乾糧，多高的山、多深的林裏也去教傈僳文，而且很耐心地勸說人們皈依基督。」加上這些年輕的「麻扒」都是自己熟悉的人，他們的勸說會容易讓人相信。

另外，這種南北發展的差異也要考慮到南北社會經濟發展的差異性。1949 年以前，在孔當南部斯拉洛以下的獨龍族人生活在山上，以游耕和狩獵為生存方式，居住流動性很大，家庭物質生活貧困，還沒有形成一定規模的村落聚居點；同時，還時常遭受土匪和奴隸主的搶擄、侵擾。這種窮困不安定的生活使他們需要一位救世主帶給他們生存的希望。概而言之，早期獨龍族人接受基督教的條件和背景，除了張橋貴提到的三個要素之外，還有以下四個方面原因：第一，傳教者本人的素質和能力；第二，傳教者和當地人的關係；第三，當地社會經濟條件較差（即人們生活極度貧困）；第四，地震等偶然現象在特定政治環境背景下產生的影響。

目前，獨龍族人的經濟生活、交通條件、政治環境與 60 年前相

---

33 參見張橋貴：《獨龍族文化史》（昆明市：雲南民族出版社，2000年），頁77。

比有了巨大的變化，獨龍江地區的基督教在經歷一段挫折後如今又得
到了強勢的發展。那麼，現在的獨龍族人為什麼要入教呢？

（1）父母的影響。以拉旺奪村的迪新生為例。他之所以信教是
受父母的影響，他的夫人也是基督徒，現在他們的兒子也加入了基督
教團體，顯然父母在家庭生活中的祈禱行為營造了宗教氛圍。父母是
孩子出世後的第一任老師，也是孩子最依賴和信任的人，因而父母對
孩子是否加入基督教有著直接的作用。南部村民在 60 年前經歷過基
督教的洗禮，他們的信仰比其它人更加堅定，他們的孩子如果信教，
主要是受到了家庭的影響。

（2）基督教排斥煙酒對身體健康、家庭和睦的影響。基督教規
定信徒不能抽煙、喝酒，因為抽煙和喝酒對身體不好，也影響生產以
及與其它人的關係。這成為今天很多人入教的理由。筆者在木蘭當走
訪時，幾位 60 歲以上的「阿畢」（奶奶、阿婆，或者稱呼年紀大的女
人）告訴筆者，她們之所以信教，是因為信教後不喝酒、兄弟姐妹之
間和睦相處。其中一個叫肖桂的老人說：「信教……一家人團結。」
老人的漢語講得不太流利，但可以理解她要表達的意思。今日獨龍族
人得到各種福利待遇，獨龍江上下無人不稱共產黨好，將其看作如同
救世主一樣的角色，共產黨的政策是他們實現美好生活願望的最大動
力。因此，在教徒中經常會聽到「依靠上帝、依靠黨的政策過上好日
子」、「喝酒的人醉後亂說話，騙人」、「醉酒後幹活沒有力氣，生病
多，老得快」之類的話。由於酒對身體的傷害，人們完全否定了酒作
為一種刺激性飲料在社會生活中的價值。上游普爾村的百歲老人咕嚕
談到自己為什麼信教時，認為身體不好是喝酒過多導致的，「信教
後，戒煙戒酒，身體逐漸好轉，也比以前更講究衛生」。他的兒子是
熊當教堂的傳道員，其它家人也都信教，這些也對他選擇信教產生了
影響。

以上提到的是年齡在 60 歲以上的人對煙酒的態度，他們的人生經歷使他們認識到飲酒給身體、家庭帶來的危害；而對於成年的或者步入青春期的人來說，他們才剛品嘗到酒的滋味，戒酒需要很大決心。筆者在迪政當的房東李付的二哥原本嗜酒如命，但他喝醉酒後容易與人衝突，常常把家庭關係搞得一團糟。他的妻子是一名基督徒，看到丈夫的「酒性」之後，就勸他入教、參加教堂活動，通過教會的戒律約束他喝酒。起初，李付的二哥不願意入教，其妻子以離婚要脅，才使他下決心戒掉酒、加入基督教。同村的李春花，剛初中畢業，由於她母親是虔誠的基督徒，她受母親的影響也入了教；但是，只要母親不在身邊，她就會喝酒，周圍的人說她醉後喜歡罵人。像她這樣的年輕信徒，對酒的態度反覆無常，這點從拉旺奪村迪新生提供的信息中得到佐證。

拉旺奪村是獨龍江流域最早接受基督教的村落之一，目前整個村小組有 62 戶 230 人，其中信教的有 47 人（男 23 人）。迪新生說：「開始的時候，信教的人很多，整個小組有 70 多人。後來，有些老人去世了、年輕人入教後，違背教規，他們喝酒，是因為對上帝信心不夠。要是相信上帝的話，一輩子都不能喝酒。」[34]

同樣在獨都村，我們也觀察到年輕的教徒喝啤酒的場景。他們白天還到教堂參加了禱告、聽講《聖經》的活動，晚上碰上外地來的客人，後者買來幾箱啤酒邀請他們一起來喝，一些年輕的教徒便加入了，那喝酒的勁頭和熱情與北部村落非教徒無異。後來我們瞭解到，那些年輕的教徒每天要喝 12 瓶啤酒。對於這種情況，作為教會主要負責人的迪氏長老也表示很無奈；但他說教會組織不會對喝酒的人實施懲戒，除非喝得太多跟人吵架。他拿出在貢山教會培訓期間發送的

---

34 2012 年 6 月 20 日訪談資料。

材料給我們看，其中有 10 條新的戒律。這 10 條戒律是：①除上帝以外，不可有別的神；②不可拜偶像；③不可妄稱上帝的名；④當紀念安息日，守為聖日，六日要做工；⑤當孝敬父母；⑥不可殺人；⑦不可姦淫；⑧不可偷盜；⑨不可作假見證陷害人；⑩不可貪戀別人的一切。與前面提到的早期戒律相比，這裏不再把抽煙喝酒作為誡命，但是由於酒引發的危害性，教會依然將禁酒作為一種戒律來執行，只是通過教育來慢慢改變人們的喝酒習慣。這正如迪氏所言：

> 信教的人像兄弟姐妹一樣，團結一心，和睦相處，不能吵架。如果信徒違反了戒律，喝了點酒，我們也不能懲罰他，喝那麼點就懲罰，以後他不敢再信教了。我們讓他慢慢認識，慢慢改變習慣。當然，嚴重者會被處罰，或者逐出教會。所謂的嚴重者為賭錢、偷盜、殺人者。懲罰的手段依據所犯戒規的嚴重程度，三個月或半年不准他參加我們教會的活動，情節嚴重者一年之內禁止參加有關教會的活動。但是，犯有如此嚴重戒律的人很少。獨都村原來所有人都信教，後來一些人變了心，有些人喝酒，有些人加入了共產黨。我們要做出什麼樣的決定，都要通過教會表決。我信教的原因是神的福音傳到這裏，我們知道傳福音的目的，是為了我們生活幸福，上帝給我們永生，有慧根的心。耶穌是唯一的救主，除他以外沒有人能救我們。他教導我們不抽煙、不喝酒、不打架、不偷不搶不殺，提倡做好事，這些對我們的社會都有好處的嘛。[35]

　　迪氏的話是想表達，人是會犯錯的，重要的是能認識和改正錯

---

35 2012年6月24日獨都訪談資料。

誤。飲酒的行為並不能作為區分教徒與非教徒的標準，一些虔誠的教徒（老年人）則把嗜酒作為一種給健康與和睦的人群關係帶來災難性的東西，並否定了酒的價值。正如迪氏女婿所言：「酒是『毒品』，一喝酒就上癮，不好戒。」所以，一些人是為了身體的健康戒掉酒癮才入教的。對入教帶來的好處，就是戒酒後帶來的安寧和團結。信教的人不抽煙也不喝酒，省下來的錢可以改善生活，教友間可以互相幫助，這對整個社會風氣都大有好處。如果再深入點談，可以擴大到飲酒對生命的威脅和對家庭的破壞以及對社會的危害。因此，我們不難理解為何一些人對飲酒如此反對和痛恨。

獨龍族人嗜酒，在明清兩代都有記載。那時候還沒有外來的啤酒和燒酒，他們喝的是自己釀製的米酒，度數不高，但飲用量很大。每年糧食入倉，家家都在釀酒。不少人家釀酒耗費大米過多，本來生產的糧食就不夠吃，釀酒過後就更加缺糧。現在實行退耕還林，國家每年補助每人360斤大米，有人吃不完就用來釀酒，因為過期了的米煮飯也不好吃。

但是，我們不能忽視酒在獨龍族社會生活中的作用。傳統社會裏，各種祭祀儀式、節慶中酒水是不可缺少的物品，既是祭祀鬼靈的祭品也是招待來訪者必備的佳餚。有時，為了過年節或者大型的剽牛祭天活動，人們需要提前1個月釀製水酒。但是，過去的酒水依賴糧米來釀造，本身就很缺糧的獨龍族人一年中也只有在年節祭祀的時候才能享用到酒。所以，在21世紀之前，酒水在獨龍族社會應該屬於奢侈品。另外，酒在社會交往中可以起到溝通橋樑的作用。獨龍族朋友經常講，酒是打開話匣子的鑰匙。身在獨龍江的外來幹部、工作組成員、遊客無不深有體會。筆者在迪政當時，經常跟著村支書到村民家走訪，一般先要喝上幾杯水酒或者啤酒，等到有幾分醉意後才開始談正事。最近幾年，國家扶持力度大，有低保、有大米，人們可以將

拿到的低保買外來的各種酒，或者把多餘的米釀製成水酒。與過去不同，今天獨龍族人生活中的酒不是奢侈品，只要手裏還有現金，每天都可以過著醉態的生活。有些學者將獨龍族人對酒的偏愛與普理查筆下的努爾人之於牛相比，認為獨龍族是醉倒在酒罈邊的民族。[36]實際上，酒本身對身體是一把雙刃劍，有利有弊。由於獨龍江流域多雨潮濕，適量喝酒可以為人們驅寒驅濕，尤其是做成「夏辣」，可以滋補坐月子的婦女；同時酒也是表達熱情好客的媒介。只是現在農村市場和小賣部裏銷售的酒大多品質難以保證，那些價格低廉的燒酒喝了對身體的危害很大。它不像大米釀製的水酒，醉醒了人就沒事了。由於酒在獨龍族人宗教生活中的特殊性和複雜性，飲酒成為他們在教徒與非教徒之間搖擺的動因。對酒的態度，不僅是區分信徒與非信徒身份的標誌，同時也表達著男人和女人、老年人和年輕人之間不同的看法。

總之，獨龍族人入教的動機具有現實性和功利性，一旦未達到所期望的目的，又不再信教。飲酒與健康的關係，給基督教的發展帶來了機會，同時酒也使教徒變得搖擺不定，這些因素導致基督教在獨龍江傳播的複雜性。獨龍族人信仰的實用性，也體現了他們生存的適應性和靈活性。

第四節　社會秩序的維繫與整合：觀念、實踐與調適

美國人類學家F. C. 華萊士（Anthony F. C. Wallace）將宗教定義為：「與超自然存在、力量與作用力有關的信仰與儀式。」[37]早期獨龍

---

36 參見吳飛：《火塘‧教堂‧電視——一個少數民族社區的社會傳播網路研究》（北京市：光明日報出版社，2008年），頁22-23。

37 Anthony F. C. Wallace. *Religion: An Anthropological View*. Random House, 1966:5.

族人關於鬼、靈魂和天的一套認知和實踐體系構成了本土宗教。本章的目的並不是探析宗教的起源問題，而是探尋宗教如何使得群體彼此維繫在一起同時作為一種獨龍族人生存的條件而發揮作用，並在這種理念下討論變遷的問題。

這就要提到宗教與社會的關係。簡而言之，對鬼魂的信仰構成了獨龍族人超自然觀念的基礎。在獨龍族人生活的世界裏，鬼魂的觀念讓人們的言行變得非常謹慎，同時人們將生活中不幸的遭遇也歸之於鬼怪的做法。與其它地方人群中持有的「鬼」的概念不同，獨龍族人觀念中的「鬼」並非是人死後的亡魂所變。在很多民間傳說中都提到了世界起初人鬼共同生活的故事，由於鬼吃人血，人就變少了，後來鬼頭目做法，才使得人鬼分離。但是，鬼總是貪婪和反覆無常的，所以人們不得不多次祭祀它們，以求平安和福祐。於是，出現了為各種目的而祭祀鬼靈的儀式行為，概括起來就是祛病消災和祈求狩獵、農業豐產。在「投榮哇」的祭祀中，人們用動物作為祭品獻祭給天鬼和各種與人生活生產密切相關的鬼靈，牛是最高價值的祭祀品。牛的生命和血獻給了鬼靈，而肉屬於參與儀式的人。然後，這些肉在聚餐中分食。獻祭儀式的目的是為了讓鬼靈滿意，不再作祟於人類。牛作為祭品成為人類贖罪、償還鬼靈債務的替罪物。這些儀式是在一群人中間進行的公開活動，分食祭品的活動在客觀上起到了密切和鞏固以家族為核心的親族、姻親等社會關係的作用。參與分食的成員以共用食物為媒介，增加了彼此的相似性，而產生對整體的認同和共識。

涂爾幹認為，神比人類更有力量，但和人類相似並共同生活在社會中。在獨龍族人的本土信仰觀念裏，還沒有具體清晰的「神」的概念，通常是將天鬼或者鬼的頭目與至高神聯繫在一起，不過由於各種鬼靈與人的現實生活密切聯繫，宗教紐帶具有將人和超人聯繫起來的

力量，因此也是一種社會紐帶。[38]

　　另外，鬼靈的觀念也產生很多規範人的行為的禁忌。比如，對屋中火塘不得隨意踩踏和潑水、孕婦避免接觸獵人和狩獵工具等，因為火塘、狩獵工具等事物與提供維持生存的食物有關。同時，這些觀念和禁忌經人們的內在化處理，形成各種口述故事，表達超自然力量和人類倫理。其中有一則故事很能說明這個道理：

　　　　以前有個膽大的人，有一天「南木薩」告訴他：「每天晚上，
　　　有一群鬼在山上跳舞，你如果不怕，跟它們一起手把手跳舞，
　　　跳到雞叫天快亮時，這些鬼會離開。此時，你緊緊拉住身邊那
　　　個鬼，使它無法脫身，它為了擺脫你，它會說給你一個拐杖，
　　　一個可以使人看不見的魔杖，但你不能答應，因為它最好的東
　　　西是戴在頭上的銀帽，這帽子戴在你頭上，別人就看不到你
　　　了，而且還可以把人變小。」膽大的人找到「南木薩」所說的
　　　地方，等到天黑時，果然看見一群左手執火把、右手拿拐杖的
　　　舞者，於是他借著膽大，也跟它們一起跳舞。一直跳到雞叫
　　　時，這群舞者準備散去了，他快速將最近的一位舞者拉住不
　　　放。這個舞者請求他放手。膽大的人說：「除非你要送我一樣
　　　東西。」舞者要送拐杖，但那人不要，最後送了銀帽子才脫
　　　身。膽大的人如願了，他戴著帽子回到了家，家人果然沒有發
　　　現他，只能聽見其聲不見其人，家人以為遇到了鬼。後來，這
　　　人戴著帽子變成蒼蠅，從門縫輕鬆進入了富人家裏，然後趁主
　　　人不在，偷了很多東西出來。但是經過門縫時，帽子不小心掉

---

38 參見〔法〕埃米爾·迪爾凱姆著，周秋良等譯：《迪爾凱姆論宗教》（北京市：華夏
　　出版社，1999年），頁14。

了，人變大，結果被夾死在富人家的門縫中。[39]

　　這個故事表面上看起來是鬼怪故事，實質上包含著現實說教功能，正如布迪厄所謂的「具有教訓功能」[40]的民間故事。在獨龍族人火塘夜話中，類似的一些故事試圖讓人明白是非、知曉社會倫理。這是一種相當有效的文化傳承與社會規範整合的手段。

　　這個故事還有一層含義在文中沒有揭示出來，即財富的分配和社會分層。在 1949 年以前的傳統社會中，獨龍族存在以父系大家庭為紐帶的社會組織，社會分層不明顯，財富的獲得是通過個人的能力、勤勞和運氣，人們通過挖到的藥材和捕獲的獸皮，交換到牛和稀缺品。牛是衡量財富的象徵，但有趣的是，牛不論是作為富人娶妻的聘禮還是作為祭祀用品，最終都要被人分食，社會財富也以互惠、分享的方式得到再次分配。本書第三章中也提到過，共同體成員之間分享肉食和平等主義是維繫群體的基礎，也是共同體成員在遭遇困境時團結協作的基礎。也只有在有來有往的禮物贈送中，才能保持均衡的財富觀，才能從整體上抑制社會分層的出現。通過神話和儀式實踐，分享作為一種神聖的價值觀念，是小規模的群體得以生存和維繫的條件。

　　基督教作為外來宗教，是獨龍族人與外界頻繁互動和交流的產物，之所以能先在南部地帶站穩腳跟並得到發展，與政治統轄、生計經濟以及地理位置緊密關聯。獨龍族人是帶著現實目的加入基督教的，即為了治病、改善生活等，而基督教本身「平等」、「博愛」的理念並非是最大吸引點。傳教士也看清了這一點，所以在向貧困少數民

---

39 2011年10月12日田野調查筆記（講述者為李林高）。

40 〔法〕皮埃爾・布迪厄著，蔣梓驊譯：《實踐感》（南京市：譯林出版社，2003年），頁284。

族地區傳教時，選擇行善的傳教路線，把傳教與改變當地人貧窮落後的社會面貌結合起來[41]，這種模式契合了獨龍族人的生存需求。20世紀50年代以前，獨龍族人口稀少，居住分散。孔當以下的獨龍族人在經濟生活上比北方的獨龍族人更加艱苦和困難，這裏也沒有大型的祭祀活動「投榮哇」，僅僅依靠鬆散的家族組織維繫著群體成員。基督教的傳入和教堂活動，有利於打破家族血緣關係，使得分散的人群被組織起來，一些個人情感得以抒發和分享，這有利於社會整體發展。

1949年後的30年間，基督教傳教士的活動與帝國主義聯繫在一起，因此受到政府的取締，而本土宗教信仰被界定為「封建迷信」，與「牛鬼蛇神」一起被掃進歷史的長河中，沒有了合法性地位，宗教活動基本停止。到了20世紀80年代，國家政策不再以政治鬥爭為核心，在宗教信仰自由政策下，宗教活動得到了復興。在這個背景下，基督教以「反對帝國主義干涉」和「三自」愛國運動完成了自我「救贖」，獲得了合法性的地位，並在有利的社會環境下得到迅速發展。與此同時，隨著「包交提留」土地農業稅制度的實施，集體化時代結束，家庭成為社會經濟的基本構成單位。隨著對外交通的改善，外來物資比以往更加便利地流入村落的每一戶人家，可樂飲料、各種品牌的白酒與啤酒成為日常生活中的普通飲用品。與社會急劇轉型相伴隨的是酗酒、婦女外流、自殺等社會問題的產生。這種現象在北部村落中更加突出，如在迪政當村，2002年至2009年間有10人死於自殺，其中該行政村所在地冷木當小組就佔了一半。[42]

---

41 參見強尼：〈雲南邊疆少數民族信仰基督教的社會歷史原因分析〉，《中南民族學院學報》（哲學社會科學版）1998年第3期，頁35-39。

42 參見郭建斌：《邊緣的遊弋——一個邊疆少數民族村莊近60年變遷》（昆明市：雲南人民出版社，2010年），頁314-315。

　　自殺是一種個體自我毀滅的行為，但正像涂爾幹所說的，自殺與社會環境有關，正是從自殺的環境中，我們才能找到某個人自殺的根源和背景。[43]郭建斌從個體適應社會轉型的角度進行了探討，除了適應的視角外，我們認為自殺的行為與傳統社會權威崩潰有關。本書第二章提到，像家族這種由人際關係構建起來的社會組織，實際上是一種相互依賴、彼此合作的生存之道，在一個村落中人與人之間的關係相對親密，維持以長老為尊、善獵為榮耀的權威體系。隨著社會的改革和變遷，如今這樣一種傳統權威體系已經不再發揮作用，社會以家庭為單位，在社會生活過程中個人承擔的壓力比過去大了；每個人的生存機遇也不一樣，個人教育水準差異、商業成敗以及與外界聯繫程度不同導致新的社會分化。北部村落原本是傳統民族宗教信仰區域，但是傳統信仰根基——狩獵文化、鬼魂的觀念、祭師的地位由於現代性的觀念受到了影響，大型的祭祀儀式「投榮哇」不再舉行了，傳統信仰在現代化發展中的斷裂已經表露無遺。人們遇到不順的事或者心情糟糕時，總是有意無意地尋求酒精的刺激和麻木，而這樣最容易導致事端。

　　基督教關於戒酒、禁祭天鬼及信奉其它神靈的教規，在一定程度上改變了獨龍族人的生活習慣和信仰觀念，其中最重要的是在一定程度上解決了酗酒的問題。教會領袖依據個人能力與「卡里斯瑪」，影響著周圍的人和追隨者。另外，基督教定期的教堂禮拜活動和文藝表演，吸引人們集聚在一起，加強彼此的溝通和交流，對於培養親密人際關係有著不可替代的作用。在耶誕節活動期間，來自不同村落的教徒「同吃一鍋飯，同吃一盆菜，同飲一壺茶」。這正如過去大型祭祀

---

43 參見〔法〕愛米爾・杜爾凱姆著，鍾旭輝、馬磊、林慶新譯：《自殺論》（杭州市：浙江人民出版社，1988年），頁2。

活動一樣，分食的意義在於建立一種兄弟姐妹式的共同體關係，同時
也形塑了集體主義的意識和觀念。在遇到困難和不解的問題時，成員
能得到他人的關愛，也多了一份解決困難的管道。雖然宗教不能解決
所有問題，但在社會轉型過程中，宗教信仰和活動在維繫社會穩定、
凝聚人心方面起到了積極的作用。鑒於獨龍江各村所處的地理位置和
接觸外界對象的不同，產生了各地人群在宗教信仰方面的地域差異
性。上游地區由於受察瓦龍藏族領主的統治，其轄境內的獨龍族人在
語言、信仰等文化上多受藏族的影響；而在南部村落，受到基督教的
影響較大。不論是本土的宗教還是外來的基督教，它們的生存與復
興，無不與政治環境有關。各種宗教舉行的周期性儀式活動，既是對
神靈的崇拜，亦是分享食物、形塑集體意識觀念的公共活動。對具有
高度流動性、分散的獨龍族人來說，宗教的觀念和儀式活動，不僅是
社會整合機制，作為一種意識形態，也影響到了日常生活空間的安排
和個體的行為。

第五章
精英的角色：內外溝通的行動者

> 一個地位是一種權利與義務的組合……角色代表了一個地位的
> 動態方面，當一個人正式投入權利和義務的組合時，即扮演了
> 一個角色……地位和角色幫助人們從社會生活的理想型而落實
> 到個人的名義下。角色是為了組織個人的態度和行為，成為一
> 些模式，以便於人們之間行為的和諧一致。
>
> ——林頓《人的研究》

　　在分析緬甸克欽人的社會結構時，利奇以環境因素、政治因素和
人物因素三要素作為貢獻和功勞之間擺蕩的動力，但他強調了克欽人
自己在選擇不同的社會身份時具有決定性作用。[1]本章從人物的角
度，探討在解決生存問題、改善生活以及與政府方面聯繫時，社會行
動者發揮著怎樣的能動作用。我們關注和選擇的人物既有群體的政治
領袖，也有普通的個體行動者。前者通常在獨龍江內外人群互動時扮
演著關鍵的中介角色，同時擔當著為族人謀求更多生存資源的責任。
當傳統權威旁落時，他們依賴個體能力和行動試圖改變生存的狀況。
但是，不論他們的地位和角色怎樣，他們的人生經歷及故事，都在詮
釋著獨龍族人自強不息的生存信念。

1　參見〔英〕艾德蒙‧R.利奇著，楊春宇、周歆紅譯：《緬甸高地諸政治體系——對克
　欽社會結構的一項研究》（北京市：商務印書館，2010年），頁245。

第一節　家族長、祭司和頭人：擅長溝通的地方精英

在早期社會生活中，獨龍族人分散居住在自己開闢的火山地周圍，由於農業種植和狩獵的流動性，人們常居無定所，但這並不意味著這是一個沒有頭領、沒有秩序的社會。在這樣的生態體系和生計經濟背景下，獨龍江兩岸的人群規模比較小，少則一兩戶，多則十幾戶。在以血緣或地緣為紐帶的鬆散的父系社會組織中，土地和財富集體佔有和支配，大家過著自由而流動的生活。外來統治者進入之後，找到一些合適的人，讓其成為村落頭人，負責組織和動員人們繳納賦稅。下面我們將討論哪些人才能成為村落頭人，其在群體生存的社會環境中發揮著怎樣的作用。

一　「自然形成」的家族長

早期社會以族聚居，女子婚後從夫居，年長的男人成為家族長。正如 20 世紀 60 年代的調查資料指出的：

> 家族長係自然形成，不是選舉產生的，也不罷免。家族長多是能說會道，辦事公道的老人，他對外代表本家族繳納貢稅、聯繫公事和調解糾紛，對內主要是調解糾紛和領導家族共耕地的生產。家族長死亡或因故失去威信時，則另找新人代之。[2]

也就是說，家族頭領產生的首要依據是自然條件，即年齡、性別。在獨龍族人這樣彼此依賴和合作以維持生存的群體中，年齡與經

---

2 雲南省編輯組編：《獨龍族社會歷史調查》（二）（昆明市：雲南民族出版社，1985年），頁23。

驗、技能有關。長者擁有的社會經驗、生產與狩獵技能是群體獲取食物、生存和延續的重要條件，因而在重要的活動中都由長者作為頭領。他帶領族人開闢新的火山地，組織年輕人到遠方森林中圍獵野獸。年節時，長者主持祭祀活動，與鬼靈溝通，祈求族人平安、好運和豐收。長者的鬍子和皺紋是智慧的象徵，長者是年幼者社會化過程的人生導師。獨龍族孩子在 8 至 11 歲階段被稱為「切姆拉」，還沒有區分性別。此階段的孩子，在家照看更幼小的弟妹、學做飯和家務，有時跟著母親到地裏除草、割豬草，農閒時則跟著父母到山裏挖葛根、百合等。他們參與這些勞動，也是學習技能、辨別可食植物和菌類的過程。11 至 16 歲為青春期，男女性特徵明顯，男孩稱為「古恰惹阿曾」、女孩稱為「堅姆佳惹阿曾」。這一階段，他們開始學習不同的技能。男孩跟著年長的哥哥或者父親和叔叔上山狩獵，學習觀察動物的足跡和生活習慣，也要參與祭祀獵神的活動。而女孩則向母親或女性長輩學習縫補技能，尤其是織布技術，以後全家人的衣服全部要靠女人的縫補和編織；同時繼續做母親的幫手，管理好家務、照顧好弟妹和家畜。這是獨龍族人人生中最重要的學習階段，此階段掌握的技能是他們日後安身立命的根本。對勞動技能的培訓也能培養他們的價值觀念：尊敬長者，學會與他人合作和分享，男人的聲望來自於森林中狩獵時的勇猛和機智，而女人的榮譽則來源於對家務事的梳理能力以及勤勞和忍耐的品性。也就是說，孩子和未婚的年輕人在一定程度上依賴於長者來獲取生存所需的資源，因而保證了年青一代服從於長者的政治權威。

　　但是，群體的長者擁有的權威是集體共同賦予的。換言之，家族長沒有特殊權，也無權私自做出某項重要的決定，他要與其它人一起生產和分享勞動產品，和其它人之間並不存在明顯不平等的待遇；相反，家族長承擔的責任比其它人更大，他要為族人爭取到有利的生活

空間和生存資源。家族長的職責之一是調解糾紛，就像努爾人社會中的「豹皮酋長」，不論是家族內部還是家族之間的矛盾糾紛，一個有威望的家族長更有利於解決矛盾，因為大家都尊敬他、願意聽從他的調解。這樣的威望來自於家族長具備的除年齡之外的其它優勢與品德——出色的狩獵技能、能說會道、辦事公道。在採集狩獵群或者游耕社會裏，獵手備受尊重，因而具有很高的威望。捕獵或者飼養與群體生存聯繫起來，並使捕獵或飼養者產生聲望與榮譽。這是因為狩獵是一項危險性的工作，同時所捕獲的獵物惠及多人，為人們提供了營養蛋白質；獸皮和麝香還可以和外族人交換，換回獨龍江缺少的食物和其它生活物資。我們在迪政當看到了家家戶戶在門口或者牆壁上掛著獸骨、獸角，以顯示男人的威武和榮譽。女人的榮譽則來源於所掛豬頜骨的多少——飼養豬和家禽為婦女勤勞的象徵。

　　共用性、平等主義是獨龍族人傳統文化的特徵，集中反映在調解與處理糾紛上必須強調公正與公開的原則，調解者不能偏頗任何一方。平時為人公道者，更值得信任和尊重。這樣的家族長處理糾紛時，更易化解彼此的矛盾。另外，能說會道的家族長往往更擅長溝通和處理人際關係；同時具備這種才能的人與外村人或者外族人接觸時，更易於成為本族人的利益代表，成為兩者之間的中介人與交換的夥伴。這樣的人比其它人更有機會獲得外界的信息和物品，他的族人也更有能力提供食物和安全保障。

　　從性別角度分析，男人的社會地位和威望來自於公共領域中的狩獵、公共事務的處理，以及對家庭、群體的生活所能提供的幫助；婦女的主要活動領域限於家庭內部，主要任務是養育下一代和飼養家畜，她們對社會的影響通過對孩子的培育和對丈夫的輔助表現出來。人們總認為女人不會說話，這是因為她們既沒有在村落公共場合活動的機會，也沒有處理過公共事務，因而不擅長發表言論。所以，家族

長通常由男性擔任，便於處理家庭外的事務。在家庭內部，女人也有
發言權，任何一項重大的決定都是由全家人一起商議做出的，又充分
體現了社會分工和角色不同。

在獨龍語中，家族長、頭領被稱為「卡桑」，「卡」是說話、
「桑」是擅長的意思。也就是說，在獨龍族人的話語中，溝通能力作
為一個重要的條件來衡量家族長和頭領的能力——良好的溝通是與更
多人建立彼此信任和合作關係的基礎，在生存遇到困難的時候，合作
的人越多族人越有機會獲得援助；善於主持祭祀儀式、與鬼神溝通、
處理人與超自然的關係，這對持有「福禍皆與鬼靈有關」觀點的獨龍
族人來說，也是一項非常重要的能力。本書一直強調獨龍族人並非是
一個自我封閉的民族，也就是說獨龍族人與外界的接觸和互動在整個
族群發展過程中產生了重要的影響，對於一個頭領來說，他的職責是
和外人溝通好並完成交易，為族人爭取經濟利益和政治利益。按照這
樣的理解，善於和人鬼溝通的人，被認為是「會說話」的人。從「卡
桑」的詞義分析來看，獨龍族人對他們的頭領賦予更多責任和期盼。
簡而言之，族長依靠的是個人在生活生產中積纍起來的經驗和能力，
這些價值構成了領導者的魅力和威信。這正如平等的氏族社會中的
「克里斯瑪」魅力型領導[3]，他們沒有正式的職權，其所承擔的責任
往往是暫時性的，而一旦失去了威信也就失去了族長的職位。

二 「兄弟射箭」選頭領

在前面的論述中，我們指出了年齡和性別是成為家族長的首要條
件。年長者由於在生產和捕獵方面具有成熟的技術和經驗，成為年輕

---

3 參見何國強：《政治人類學通論》（昆明市：雲南大學出版社，2011年），頁85。

者學習和模仿的對象，前者承擔著指導和培養後者的義務，形成長者庇護年幼者的關係。在依賴群體才能更好地生存的社會中，「年長為尊」成為重要的社會道德準則。與此同時，獲得社會威望的管道是多樣的，人們也可以通過狩獵中表現出來的勇猛和智慧、在處理公共事務中秉持公道與能說會道等獲得權威。不同題材的神話塑造了年長者的權威，並在獨龍江被納入周邊強權及中央政權後成為統治者操縱的合法性根源。

筆者在獨龍江常常聽到各種傳說故事，其中有一則兄弟比試射箭來選頭領的傳說廣為流傳：

> 大洪水之後，世間只有兄妹二人存活下來，為了繁衍人類，他們結為夫妻。婚後生了九男九女，這 9 對兄妹長大後，時間久了就鬧不和。他們的父母出來勸，說：「你們比賽射箭吧！誰贏了，誰就當頭領，輸了的就服從他。」大家都同意。父親在門前的樹上掛了一張熊皮，大哥射了 9 箭，全部中標。於是，弟弟們承認大哥是頭領，願意永遠服從他。[4]

人們將傳說中的大哥比作漢族、弟弟比作獨龍族或者怒族，因為小弟射箭輸給了大哥，所以他們要向漢人繳稅、服從漢官管理。而早期的調查者陶雲逵也搜集到相關的材料：

> 遠古之時，洪水滔天，人類死盡。惟在卡窩卡普神即卡瓦卡普之山上，有兄妹二人，兄名龐（Pang），妹名孃（Nang），因

4　洪俊：《獨龍族源初探》，怒江州政協文史委員會編：《怒江文史資料選輯》（上卷）（德宏：德宏民族出版社，1994年），頁36-39。

慮人類絕種，乃自相交配而生九男九女，各兒女復自相配偶。
大的一對，無名，成親，為藏族人之祖先。第二對，男名京
（Ging），女名撚（Nien），成親，為俅子之祖先。當時，此 4
人賽射弩箭，以一塊錢為目標，言明射中者向射不中者徵稅。
第一對夫婦果射中；第二對未射中，故至今俅子納稅給藏人。
第三對，男名剛（Gong），女名郡（Kuen），成親後同去狄子
江邊居住。其地產藤子，因善編藤筐子，以供給俅子。第四
對，男名健（Tchien），女名寧（Nuen），成親後到曼寧（Man
Nuen），在今緬甸境坎底之西居住，乃為其地土人之祖。餘不
詳。但此 9 對之中，有一對是漢人的祖先。[5]

　　與前一個傳說相比較，這則材料中大哥變成了藏族。當時陶雲逵
是在孔當一帶調查時搜集到這個故事材料的，聯繫當時的政治統轄情
況，這一片地區上的村落在新中國成立前主要受察瓦龍藏族的統治。
傳說塑造了藏族統治者，賦予了他們統治權的合法性，是因為獨龍族
先民在射箭比賽中輸給了藏族大哥，所以要向大哥納貢，接受大哥的
「保護」。兩個材料都說明外來者統治和稅收的正當性，因為他們都
是獨龍族人的老大哥，除了年齡方面的原因外，還有在射箭的技能上
兄長勝過弟弟。換言之，擔任頭領的因素中，除了年齡，還有其它能
力上的要求。這裏蘊含的跨族群的「兄弟故事」不同於王明珂強調的
族群認同的「根基歷史」[6]和資源分享的合理性；這裏獨龍族人和藏
族、漢族、怒族人之間的「兄弟故事」本意在於確立族群之間政治權
利關係的合法性和正當性，是一種等級關係的隱喻。

5　陶雲逵：《幾個藏緬語系土族的創世故事》，《邊疆研究論叢》（南京市：金陵大學中
　　國文化研究所，1942至1945年印行。
6　參見王明珂：《羌在漢藏之間》（北京市：中華書局，2008年），頁176-208。

另外，還有關於兄弟狩獵的故事，內容和本書第四章提到的獵神「任木達」的故事相同。在這個故事中，兄弟倆去山裏打獵，在一塊山崖上，哥哥帶著獵狗追獵物一去不返，最後成了「任木達」——森林中各種動物的主宰者，弟弟每次去捕獵都得到「任木達」的關照，捕獲到很多獵物。這個故事裏的兄弟關係表明，兄長對弟弟而言是一個食物提供者和安全的庇祐者。當上陞到獵神「任木達」的時候，它也成為人們出獵前祭拜的對象，人們認為只要供奉適當的祭品——各種動物塑模，在行獵過程中就能捕獲到相應的獵物。聯繫到現實生活，作為頭領的兄長有責任和義務為他的族人提供食物與安全，這也是人們對頭領的期盼和要求。依據這樣的邏輯我們就不難理解，歷史上那些頭人、富有者從外面買回牛之後，便要舉行神聖的祭祀儀式，所有人一起分享牛肉，同時頭人和富有者也獲得了社會威望和榮耀。同理，那些外族土司和統治者也通過提供牛肉，從而提高自己的聲望，並將對獨龍族人的統治、稅收合法化。

三　頭人、祭司、本南：擅長溝通者

按照一般的用法，頭人（chief）這個詞指一個社會群體公認的領袖或首領。在本書中，我們用這個詞來稱呼在村落事務中具備威望和有影響力的獨龍族人，他們作為行動者能夠促進或阻礙群體獲得利益。獨龍江被納入周圍更大的政治體系之後，頭人由外來統治者任命，通常由勢力較大的家族長來擔任，其主要職責是為統治者「收集門戶、解運錢糧稅」。不同的統治者給予頭人的職責也不相同。清王朝末期，中央政府不僅任命了俅官（如袁裕才），還委任了各村寨大小夥頭來處理民事政務。察瓦龍藏族領主也對上游地段進行規劃，在每村設夥頭兩人，協助管理村民、收稅納貢。到了 1932 年，國民黨

在獨龍江推行保甲制度，一個行政村為一個保，一個自然村為一個甲，大部分頭人成為保長、甲長。保長、甲長的主要職責也是管理門戶和收繳稅務。但在已有的文獻中，筆者沒有看到民國之前的夥頭制度具體任命情況，那些被任命為頭人者，只知道是從族長中選出來的，但不知其任期有多長，之後的保甲長是 3 年一任制，但考慮到有些族長的勢力比較大，有可能出現連任的狀況。

　　儘管在職能上，頭人夾在外來統治者和本地族人之間，但他仍然未脫離繳稅的負擔，同時還承擔著為族人爭取利益的責任和義務。他和族人之間的關係總的來說是平等的，不同之處體現在社會威望和提供食物的能力上。頭人負有為族人爭取生存利益的責任和義務，即生存的倫理，一旦他違背了它，威望下降，其它人就會群起而攻之，殺掉或重新立一個頭人。今孔當村南部的學哇當自然村，過去曾是廷三氏族開闢的，後來上游的孟氏族人追攆馬鹿發現了這塊地方，因而取名為「學哇當」。孟氏族人在此地安家以後，煮了 4 大罐酒，作為禮物送給了附近的廷三氏族人，後者把女人嫁給了前者，雙方建立起了姻親關係。後來，學哇當家族中有一個能說會道的頭人叫「南斗廷」，其妻是南邊今拉旺奪氏族人，他們勾結緬甸來的土匪，欺凌、掠殺了許多廷三氏族的人，把其中的「當阿」等家族的人都殺光了。此外，南斗廷還討好察瓦龍藏族稅官，說廷三氏族的人黃連、貝母多，察瓦龍稅官就加重了對他們的稅收和掠奪。最後，廷三氏族人被迫聯合起來，把南斗廷殺了。[7]民國年間，有保長借派稅之機從中勒索。例如，丙當‧目德，設治局要收一元的稅，他則派兩三元。因此引起一、二、三村人的不滿，有 50 多人手持弩弓砍刀，齊集他家門

7　參見蔡家麒：《藏彝走廊中的獨龍族社會歷史考察》，（北京市：民族出版社，2008年），頁20。

口，和他清算，要他賠出貪污賬，並撤去了他的職務，最後，村民贏得了抗爭的勝利。[8]

從這些例子可知，頭人雖然是外來統治者任命的，但他要接受當地村民道義的評判，若違背當地社會的生存倫理和道義原則，村民有權向上級統治者起訴，撤掉其職位，或者採取更加極端的辦法即群起而殺之。

祭司是對主持各種祭祀儀式的一類人的統稱，這裏以「南木薩」來指代。正如頭人一樣，「南木薩」也是「能說會道」者，但這裏的「能言會道」主要是指他和非人類超自然之間的溝通能力。過去，「南木薩」這樣的祭祀專家扮演非常重要的社會角色。獨龍族人認為，人類周圍布滿了各種鬼靈，能夠與鬼靈溝通、使人避開作祟者的唯有「南木薩」。在開闢新的火山地時，「南木薩」要向該地的鬼靈祈禱和祭祀，以求來年作物豐收；狩獵前，「南木薩」要向獵神「任木達」祭祀，以期在行獵中捕獲更多的獵物；到年節時，「南木薩」要舉行剽牛祭天儀式，向天鬼等各種鬼靈祭祀祈求，希望來年會獲得健康、好運和豐收。也就是說，「南木薩」代表人類向各種鬼靈溝通，溝通好壞關係到人類能否捕獲到獵物、生產能否豐收等一切福禍。另外，「南木薩」還代替天鬼給患病者治療，獨龍族人相信「南木薩」之所以會做出預言、給人治療各種與鬼靈有關的疾病，和一種神秘的力量天鬼「南木」有關。根據早期學者在 20 世紀 80 年代初對一些「南木薩」的訪談記錄[9]，這些人對「南木」有著清晰的描繪。巴坡「南木薩」木然當木廷在整個獨龍江鄉都有很高的名望，20 世紀

8　參見雲南省編輯組編：《獨龍族社會歷史調查》（二）（昆明市：雲南民族出版社，1985年），頁21。

9　比較集中的記載見蔡家麒：《藏彝走廊中的獨龍族社會歷史考察》（北京市：民族出版社2008年），頁126-152。

50 年代初期，他曾經作為獨龍江代表到過昆明、南寧、北京和東北
各地參觀，受到過周總理等中共中央領導人的接見。據他回憶，「南
木」出現在他的眼前，一共有 4 個，其中有男有女，長得同人一樣，
很好看，但是一會兒就不見了。他認為：

> 「南木」善於變化，能變成各種東西，有時變成小姑娘，有時
> 變成雀鳥，甚至還能變成桌子。第一、二次碰見時，它們都沒
> 有講話。第三次遇見時，南木們才對我說：「我們是『格蒙』
> 派來交給你的，來找你做朋友。」我聽說是天上的「格蒙」派
> 來的「南木」，也就同意了它們的要求，同它們交朋友，為眾
> 人治病。

與木然當木廷同村的肖拉子，在新中國成立後的集體化時期，擔
任過巴坡村最高領導人，但在 1979 年某天他宣稱見到了「南木」，遂
成為「南木薩」。回憶起見到「南木」的那一天，他說：

> 那天天剛黑，馬巴洽給和他的老婆來我家玩。我坐在我睡覺的
> 鋪板上，面向火塘，他們坐在我的對面。當時，我的老婆和女
> 兒都在家。這時，我的眼前上方突然明亮起來，出現了 3 個
> 「男人」和 1 個「女人」。它們都是很漂亮的年輕人，穿著像
> 是喇嘛穿的衣裳，顏色好像雀鳥身上好看的羽毛一樣。它們的
> 前額光亮，戴著漂亮的帽子。它們各人帶了一把金光閃閃的金
> 凳子坐下。它們出現以後，我家裏的東西好像全都不見了。
> 「南木」對我說「我們是來找朋友的」，並說了各自的姓名。
> 我問道：「你們是找我們大家還是找哪一個人做朋友？」「南
> 木」們說：「誰戴上我們給他的眼鏡能看見我們，誰就是我們

要找的朋友。」我對馬巴洽給說：「『南木』來了。」馬巴洽給
說他看不見「南木」。「南木」接著說：「只有你一個人看得見
我們，你就是我們看中的朋友。你要替人治病，藥和工具我們
樣樣都有。你替人治病的時候就搖鈴喊我們，我們會來的，病
人需要的藥和工具，你伸手我們拿給你。我們每趟來不要酒，
你也不要喝有月經在身的女人做的酒。」說完，各自抬起金凳
子就不見了。這些話，我聽見了，屋裏其它的人都聽不見。

上游熊當村的克倫是一名女「南木薩」。在她的講述中，「南木」
是「女人」，頭髮像漢人姑娘的長辮子一樣盤在頭上，穿的是很好看
的白色衣裙，一直拖至腳背，有時也穿天藍色的裙子，但沒有戴項鍊
珠子、耳環和手鐲一類的東西。她所說的「南木」穿著打扮既不同於
獨龍族人也不同於西藏察瓦龍地區喇嘛的「南木」，而是跟「天神」
一樣。被稱為「雄麻」的儀式主持者，也同「南木薩」一樣，擁有像
「南木」一樣的精靈「拉」，這種精靈主要附在各個山頭，它能幻化
成人形。「雄麻」德梅當木滇第一次看見「拉」是在河邊上，當時他
感覺一陣頭暈，瞬間看見從水裏躍出一條龍來，漸漸地變成了一個白
生生的人，這人長得非常潔淨，穿著紅色的衣服，十分講究和漂亮。
它的左右兩邊各長出兩隻手，手上沒有拿什麼東西，身上背著藥箱，
跟西藏察瓦龍人裝東西的工具一樣。

按照獨龍族人的宇宙觀，天鬼「南木」住在天界，人類與天界的
連通點是家屋中的火塘。每個「南木薩」都自稱看到了「南木」，並
從中獲得了力量來治療各種病和驅趕邪惡的鬼靈。但是，「南木薩」
描述見到「南木」時的情景中，「南木」有男有女，跟人類一樣，更
驚奇的是這些「南木」與獨龍江東部和北部的漢族、藏族人穿著類
似，明顯屬於外來的人。我們可以這麼理解，在缺醫少藥的獨龍江，

人們所設想的天藥和醫者來自江外的藏族和漢族地區，這和歷史上這一地區處於北部察瓦龍藏族領主和東部國民黨設治局的統治有關聯。這些統治者既是稀缺生活物資的佔有者和提供者，同時也是造成獨龍族人生活貧困、賣兒賣女悲劇的製造者。這種二元對立的觀點，也可以從人們對「南木薩」持有的既敬又畏的態度中找到。一方面，「南木薩」是醫者、儀式專家；另一方面，人們又認為他的「南木」會作祟害人。

　　「本南」是對交換夥伴的稱呼。過去要進行一項交換，首先要建立朋友關係，正如「南木薩」和「南木」一樣結成永久的朋友關係。因而，外來的小商販進入獨龍江，一般對外宣稱是走訪朋友，或者來找朋友。實際上，是通過他的「本南」，將帶進來的鹽、茶、布匹、針線等生活物品與各村獨龍族人交換，換回當地的竹篾籮、藥材等。這是在交通困難時期建立的一種交換制度。一旦建立「本南」關係，彼此就要承擔兄弟親人般的食宿接待義務和提供安全的保障。

　　總而言之，以上提到的頭人、祭司、「本南」這幾類特殊的群體，涉及獨龍族人政治信仰、文化和經濟交換三個層面。頭人、祭司、「本南」的出現，一方面是獨龍族人自身需要──需要頭領來維持社會秩序和組織生產活動，人們生病和鬼靈作祟需要祭司的主持儀式來禳解，不同村子的人們通過互相走訪達到互通有無的目的；另一方面是獨龍江與外界互動與接觸的結果，這些人物在應對外來的壓力和爭取外部資源時發揮了關鍵性的作用。他們共同的特點是能說會道，表面看起來是個人的謀生之道，但實際上他們的職責是溝通和協調獨龍族人與外族統治者、人與人、人與超自然之間的關係。處理好這些關係對整個族群的生存和繁衍關係重大。這樣的一些人，在國家的進程中，有可能轉變為新的角色，即民族領袖或地方精英。

第二節 作為國家與地方的中介：地方精英的行動

在 1949 年中國共產黨的政治力量進入之前，分佈在獨龍江流域的獨龍族人，整體而言是由建立在親屬關係基礎上的各個社會群體構成的。即便是這樣一個平權社會，也無法避免內部分化和外部壓力導致的變化，共同社會勞動的不同配置有助於產生有實力的支配者；同時，同其它集團的接觸也賦予那些有能力處理不同利益和可能衝突的人以重要的地位。[10]獨龍江內外的溝通者——村落頭人、宗教以及經濟貿易中的佼佼者屬於社會地位較高的人。由於獨龍族人內部有一套文化制衡手段，還未出現較大的社會分化和地位的高下。但是，這些在獨龍族社會有影響力的人物，在整個獨龍江地區被納入中華人民共和國之際，有的參與民族共同體塑造的過程，有的被吸收到新政權體系中，成為影響地方社會的精英。

一 孔志清與族稱的獲得

本書在導論中交代了獨龍族族稱（他稱）的動態變遷過程，從元代起，有地方史書記載獨龍族的族稱經歷了「撬蠻」、「俅扒」、「俅子」的歷史過程，這些術語來自其它民族對生活在獨龍江流域一群人的稱謂，包含了族群關係、統治與被統治的政治關係。實際上，生活在中國境內高黎貢山以西、緬甸西北部史稱俅夷地的人群，他們依據族群遷徙歷史、居住地和河流以及周邊族群的關係的不同，有著多種自稱。也就是說，在 20 世紀 50 年代「獨龍族」正式稱呼出現之前存

---

10 參見〔美〕埃里克・沃爾夫著，趙丙祥、劉傳珠、楊玉靜譯：《歐洲與沒有歷史的人民》（上海市：上海人民出版社，2006年），頁115。

在著多種互為差異的自稱。正如早期參與民族調查的學者楊毓才等人指出的：

> 「獨龍」作為一個名稱來說，它只表示居住在中國雲南省貢山
> 縣獨龍江兩岸的居民……居住在獨龍江以西即緬甸境內有許多
> 不同稱謂的部落群體，因所居住的江河不同而名稱相異，他們
> 都和獨龍族有密切的親屬關係。例如，居住在狄子江的同一部
> 落稱為「狄就」，居住在狄不勒江的稱為「狄不勒」，居住在托
> 洛江的稱為「托洛龍」，居住在恩梅開江上游兩岸的稱為「阿
> 邁」或「邁哇」，居住在拉達閣的稱為「打斜」，居住在墨河一
> 帶的稱為「墨哇」或「甲又」，居住在五約、臘埂一帶的稱為
> 「折哇」、「迪秀」。上述這些操著類似獨龍語的集團，緬甸人
> 稱他們為「日旺」。根據我們的調查，「日旺」這個詞在獨龍語
> 中具有「親屬集團」之意，所以中國的獨龍族稱上述狄就、狄
> 不勒、托洛龍、打斜、甲又、迪秀等各個集團為「斐千」，即
> 親戚的意思……這個部落集團以所居住地的江河命名，這正說
> 明它的原始性和部落性，這正好說明它尚未形成統一的部族或
> 民族。[11]

關於群體內部的差異性，國外學者也有類似的觀點。例如，艾德蒙・R. 利奇依據英緬官方使用的名稱，將居住在恩梅開江與邁立開江合流處以北、恩梅開江上游兩岸高山地帶的人群統稱為「儂人」，靠近中國境內獨龍江西南部的達魯人、日旺人和卡儂人被認為是

---

11 楊毓才、肖家成：《獨龍族簡介》，《民族問題五種叢書》云南省編輯委員會編：《獨龍族社會歷史調查》（一），雲南民族出版社，1981年），頁14。

「儂」的分支群體。[12]而在中國文獻記載中，居住在獨龍江流域和怒江上游的人群稱為「俅子」。所以，法國學者施蒂恩認為獨龍族在沒有識別之前歸屬於俅子和儂人兩個不同人群。[13]「獨龍」的自稱僅是眾多稱謂之一，源自於下江即恩梅開江和邁立開江兩岸獨龍族居民對中國境內獨龍江流域居民的稱呼，原意為「居住在上游的人」，後來逐漸演變成了獨龍族人的自稱。[14]也就是說，在民族識別過程中，有多種稱謂可能成為法定族稱。而「獨龍族」之所以成為中國 55 個少數民族之一，除了政治因素外，還與獨龍族精英有關。他就是獨龍江孔當木家族頭人之後孔志清。

孔志清與獨龍族族稱獲得的經歷，如今在獨龍江已成為家喻戶曉的故事，每每提到獨龍族的來歷時，他們總會想到首任老縣長。孔志清的獨龍名全稱是孔當木・頂・阿克洛・松旺，按照傳統的理解方式，名字透露出他出生的地方為孔當村，父親叫孔當木・頂。孔當木在當地屬於勢力較大的一個家族，在新中國成立初期還保留著大家庭生產方式。[15]由於在地方影響力較大，1935 年，家族長孔當木・頂被貢山設治局任命為獨龍江鄉長。不久，察瓦龍藏族領主的稅官前來收人頭稅，孔當木・頂聯合其它村寨的頭人進行抗稅鬥爭，並將收稅官趕回察瓦龍。抗稅鬥爭的勝利使獨龍族人過上了一段平安的日子。沒有想到的是，3 年後，耿耿於懷的察瓦龍藏族領主派了二三十個土司

12 參見〔英〕艾德蒙・R.利奇著，楊春宇、周歆紅譯：《緬甸高地諸政治體系──對克欽社會結構的一項研究》（北京市：商務印書館，2010年），頁67。

13 參見〔法〕施蒂恩・格羅斯著，周雲水譯：〈族名政治：雲南西北部獨龍族的識別〉，《世界民族》2010年第4期，頁68-77。

14 參見楊將領、李金明：〈中、緬跨界獨龍族：自稱與他稱釋義〉，《世界民族》2010年第4期，頁78-83。

15 參見雲南省編輯組編：《獨龍族社會歷史調查》（二）（昆明市：雲南民族出版社，1982年），頁6。

兵前往獨龍江，準備捉拿帶頭抗稅的孔當木・頂。對於即將來臨的橫禍，孔志清這樣回憶：

> 他們把我家的房子團團圍住，要殺我父親和全家人。所幸的是那天父親帶著全家到別處走親戚，才幸免於難。但土司兵仍把留下看家、躲在地板下面的小媽過去頭人娶多個妻子，當時孔當木・頂有 5 個妻子，這裏的小媽[16]搜出來，把她的腳筋砍斷，使她成為廢人。然後，這群土司兵就在我家裏大吃大喝，糟蹋了四五天，臨走時還把我們的糧食、牲畜劫掠一空。從此，父親氣得疝氣大發，不久便含恨去世。[17]

孔志清的父親不幸離世後，1946 年經各村的保董向縣設治局舉薦，孔志清被任命為新的鄉長，承襲了父親的職位。而在此之前，孔志清已經在貢山、大理等地求學多年。

過去由於交通困難，以及統治關係產生的民族隔閡和彼此戒備的心理，邊遠地方的少數民族子弟不會想到要去漢人開設的學堂讀書識字。即便是官府採取強制措施後，地方也只會送那些被社會遺棄的孤兒或者奴隸來應對。正如《徵集菖蒲桶沿邊志》記載：「各種夷人知識淺陋，視讀書為畏途，盡選奴僕及孤貧子弟來應門戶。」[18]官員以為是當地土人愚昧，殊不知當地人的教育觀念，即教育基於生活經驗和父輩的傳授。在這種觀念背景下，孔志清能夠被他父親送出獨龍江至外地讀書，實屬偉大之舉。不過，這和他家族本身的經濟條件、作

---

16 即孔父的小妻。

17 孔志清述，李道生整理：《獨龍族第一任縣長的回憶》，政協怒江州委員會文史資料委員會編：《獨龍族》（德宏：德宏民族出版社，1999年），頁99。

18 轉引自怒江州志辦公室編：《怒江舊志》，1998年刊印，頁114。

為頭人的自強之心，以及在和外族溝通、互動中獲得的經驗和見識有
關。為了改變下一代的命運，他做出了送子讀書的決定。

　　1932 年，16 歲的孔志清跟著父親第一次走出獨龍江，隨後被送
到位於怒江邊的永拉幹小學讀書，不久，又轉到茨開省立小學就讀。
1938 年的某天，國民黨設治局的人找到孔志清，讓他陪同北京來的
生物學家俞德濬到獨龍江考察。在半年的相處中，生物學家對他的翻
譯兼嚮導充滿感激，又聯繫到獨龍江兩岸居民的生活狀況，讓他產生
了同情心和責任感。於是，他在調查結束返回北京途中，聯繫了國立
大理政治學校的校長，為孔志清辦理了入學手續，並資助他的路費和
學費。在俞德濬研究員的幫助下，孔志清成為獨龍族第一個到內地讀
書的人。但是，家庭橫禍和父親的不幸去世使他不得不提前結束學
業，於 1945 年回到獨龍江照顧家庭。

　　這段求學經歷對於孔志清的個人命運產生了重要影響。首先他接
觸到了漢族文化和科學知識，認識了很多外族的朋友，走了很多地
方，增長了見識。這些經歷和見識，對他在政權更替之際做出選擇起
到了關鍵作用。孔志清回到獨龍江不久，就被任命為獨龍江鄉鄉長，
即獨龍江設鄉以來的第三任鄉長，他也成為獨龍江最有學識和遠見的
頭人。即使如此，身為頭人和當局任命的鄉長，他也曾遭受設治局官
員的誣衊和迫害。[19]發生在家族和個人身上的遭遇，也讓他感受到了
獨龍族群的勢力弱小和不平等的外部政治統治關係。

　　1949 年秋，貢山和平解放，中共代表入駐不久便遭到德欽土司
武裝人員的襲擊，貢山地盤落入了土司手裏。隨即中共滇西北工作委
員會和邊縱七隊開到滇西北，迅速收復了貢山。在這形勢複雜、政權

---

19 當時設治局官員誣衊孔志清和獨龍族人偷拿了墜機上的對象，並將其押送到貢山刑
　訊逼問（參見孔志清述，李道生整理：《獨龍族第一任縣長的回憶》，政協怒江州委
　員會文史資料委員會編：《獨龍族》，（德宏：德宏民族出版社，1999年），頁99-100。

更替之際，很多獨龍江的人聽到一些謠言，鬧得人心惶惶，一些人逃離獨龍家園，跑到更遠的未劃定邊界的山區躲避。孔志清看到形勢變了，作為舊政權的地方頭人，他不清楚未來自己的命運如何，也擔心被新來的人破壞家庭、沒收財產。他在內心糾結、惶恐不安的時候，接到貢山中共代表的來信。信中說：「共產黨已來到貢山。共產黨不同於國民黨，不歧視不壓迫少數民族，你不要怕，要做好獨龍族群眾的思想工作，不要讓他們逃跑。現在請你來貢山商量工作。」對於邊遠山區的孔志清來說，「共產黨」是新名詞，但是這些人把土匪和設治局的人趕跑了，曾遭受過前者政治壓迫的孔志清對共產黨人抱有好感和期待。就在他還在猶豫是否出山時，又接到從貢山來的信，看完信後，他打消了種種疑慮，決定到貢山看看。因為寫這封信的人不是別人，正是他的老同學和耕，當時和耕擔任貢山縣人民政府的領導人。

　　孔志清帶著 5 個獨龍族代表從雪山走出來，時任貢山縣政府最高領導人的和耕和解放軍高團長兩人親自迎接他們，並給他們安排了吃住的地方。孔志清曾經說過，他在貢山期間，和耕三次和他談心。和耕講了「中國共產黨的民族平等政策和革命的道理」，還發了一套中山裝給他，要他「參加工作，負責獨龍江地區的事務」。另外，高團長為他舉行了座談會，並耐心講解了中國共產黨的民族團結政策；還送他一本《中國人民政治協商會議共同綱領》，讓他認真學習，並帶回獨龍江向獨龍族人宣傳。回到獨龍江後，孔志清跑遍了各個村寨，宣傳共產黨的民族政策；大家聽了他的話不再恐慌了，局勢也穩定了。1950 年 9 月，孔志清被上級任命為獨龍江區區長，9 月底獨龍江區各族各界代表大會召開，宣佈成立獨龍江區公所，並投票選出各村村主任。1951 年孔志清被保送到雲南民族學院政治系學習，培訓的內容是共產黨的政治理論和政策方針，通過一年的學習和培訓，孔志

清的思想覺悟有了極大的提高。1952 年初，孔志清隨同雲南其它各少數民族代表一起到北京參觀天安門，參加了中央民委擴大會議，會議結束後受到了毛澤東、周恩來、劉少奇等中共和國家最高領導人的接見。而後在 1952 年 1 月 4 日這天，政務院總理周恩來又接見了少數民族代表，就是這次孔志清和周恩來的對話確定了「獨龍族」的族稱。回憶起當時的場景，孔志清說道：

> 當總理來到我身邊時，我激動得心都要跳出來了。我握著總理的手說：「我叫孔志清，從雲南最邊遠的獨龍江來，我們的民族過去被人叫為『俅子』，我們自己稱為獨龍族。」總理聽了就對身邊的西南局書記王維舟說：「老王，你記住，這個民族的族名，要以本民族的稱謂使用，不能以別個民族的稱謂為族名。」當時，我真是激動得熱淚盈眶，因為從這次接見以後，我們的民族就正式定名為獨龍族，這不是一般的族稱確定，它體現了獨龍族從此結束了被歧視的歷史，真正成為我國各民族大家庭的平等的一員了。[20]

同年，孔志清回到獨龍江後，向全區的幹部和族人傳達了在北京會見中央領導的情況，並宣佈：

> 周總理說了，我們少數民族的族稱，要用本民族的稱謂命名。從現在起我們就叫獨龍族。別人對我們的「俅子」、「俅扒」那些稱謂，不能再使用了。大家聽後都萬分高興，感謝黨和國家

---

20 孔志清述，李道生整理：《獨龍族第一任縣長的回憶》，政協怒江州委員會文史資料委員會編：《獨龍族》（德宏：德宏民族出版社，1999年），頁104-105。

領導人對獨龍族的巨大關懷和愛護。[21]

　　1956 年 10 月 1 日，貢山獨龍族怒族自治縣成立，孔志清當選為第一任縣長，並在成立大會上發表講話。這就是獨龍族族稱獲得的過程。作為一個民族的合法身份，獨龍族的稱謂來歷帶有偶然性，一些學者因此懷疑上述孔志清口述材料的真實性。其一，孔志清作為邊疆少數民族，在和國家領導人談話時，不可能清晰表達自己的意願；其二，上述材料顯然是多年後回憶的，且是由他人執筆撰寫的，最後由代表州縣官方的文史委員會組織編輯出版，肯定帶有官方的意識色彩，如法國學者施蒂恩認為，「這只是一種對官方說法的轉述，這種官方說法被中國政府及獨龍族人自身廣泛援引來論證從『群體』上陞到民族地位是他們自身願意的直接延伸」[22]。在我們看來，第一種疑點帶有先入為主之見，將孔志清等同於普通的獨龍族人，而忽視了他自身的求學經歷和接受了共產黨教育這一事實。從地下黨員出身的和耕以老同學的身份與他聯繫，以及安排他參加工作和進入高等學校培訓來看，這個過程既是孔志清向共產黨和新中國靠攏的過程，也是和耕將他塑造成獨龍族代言人的過程。由於孔志清是地方頭人出身，又曾經遭受舊政權、地方勢力的壓迫，結合整個族群的歷史遭遇，他自然成為民族精英的理想人選。

　　不管是口述文本的表達，還是事實就是如此，孔志清作為獨龍族人的代表與中央和國家最高領導人見面及談話具有儀式象徵意義。口述材料充分說明了孔志清如何一步一步成為少數民族幹部，並證明其

---

21 同上，頁105。

22 〔法〕施蒂恩・格羅斯著，周雲水譯：〈族名政治：雲南西北部獨龍族的識別〉，《世界民族》2010年第4期，頁68。

與獨龍族聯繫在一起的合理性。正如清朝官員夏瑚對獨龍江村落頭人的任命一樣，孔志清從貢山縣人民政府臨時領導人那裏領到了「一套中山裝」和「二十匹布匹」等生活物資，就有了接受上級授權的符號。而與中央領導人的見面，說明了其權利來源於國家，同時族名的獲得也具有合法性和權威性。

孔志清被任命為獨龍江區區長，以及自治縣成立後的首任縣長，這表明共產黨民族政策的落實；同時，孔志清和其它獨龍族民族幹部參與到國家行政管理體系之中，身份不同了，他們說的話也代表了官方的話語，但也不能因此認為他們脫離了獨龍江和原來的群體。新中國成立初期，在地方局勢不穩、邊民恐慌和逃離之際，孔志清利用頭人和國家幹部的雙重身份，勸住了群眾，在一定程度上保持了社會秩序的穩定。正如他在自述中所說的：

> 1954 年 11 月，我剛從昆明開會回到貢山，縣委副書記向群同志就對我說：「老孔，這幾天老百姓不知聽到什麼風聲，一直往境外搬遷。你去做做工作，群眾聽你的話。」我二話沒說，也顧不得長途跋涉的勞累，第二天就向獨龍江出發。我來到獨龍江，終於趕上了從怒江翻山過來、準備外遷的群眾。仔細一問，才知道原來是有人從境外進來傳謠，說什麼過去在貢山傳教的外國人用飛機運許多物資到境外，吃穿不完，叫怒江的教徒趕快搬到境外去享受。為了粉碎敵人煽動邊民外遷、破壞我國建設的陰謀，我果斷地通知各村封鎖了獨龍江江面的交通工具，然後對群眾進行勸導，用我在舊社會因美機失事事件遭受外國牧師迫害的事實揭穿敵人的謠言。經過耐心勸說，準備外遷的群眾知道受騙上當了，這才重新翻山回到怒江家鄉，

一場風波終於平息下來。[23]

　　然而，從舊社會延續下來的傳統權威，也讓孔志清在「文革」中遭受了磨難；撥亂反正之後，孔志清重新當選為怒江州政協副主席、全國政協委員，恢復了地方政治領導人的身份。在之後各種級別的會議中，他向上級領導反映獨龍江獨龍族人的生活狀況，爭取到國家的援助。例如，上級採納孔志清的政協提案，先後撥款改造了貢山縣醫院的門診和住院部，改善了醫療條件。[24]

　　正如前面所提到的，「獨龍族」只是生活在獨龍江兩岸的人群的自稱，但是在孔志清和國家有關領導人（主要是和耕和周恩來）的「共謀」和「協商」下成為整個獨龍族人的統稱，而且成為我國55個少數民族之一。獲得合法的身份之後，隨著國家民族政策的落實，獨龍族人的現實生活和經濟條件得到了明顯的改善；在獨龍族政治精英的推動下，「獨龍族」的身份逐漸得到了認同。也就是說，在族名政治的影響下，獨龍族人獲得了國家提供的各種幫助和支持，極大地改善了獨龍族人的生存狀況，同時獨龍人對「獨龍族」的身份認同和國家認同也得到形塑和增強。高志英也提出了類似的觀點。[25]獨龍族人獲得民族身份後，與內地的密切接觸發展到政治、經濟和文化全方位接觸。在共產黨和國家民族政策保障之下，獨龍族在發展過程中得到各級政府和雲南省內外各族同胞的幫助和支持，比如生產技術的引進和生活物資的運輸等方面。在新的政治環境下，獨龍族與周邊民族

23 孔志清口述，李道生整理：《獨龍族第一任縣長的回憶》，政協怒江州委員會文史資料委員會編：《獨龍族》（德宏：德宏民族出版社，1999年），頁106-107。
24 同上，頁108。
25 參見高志英：《獨龍族社會文化與觀念嬗變研究》（昆明市：雲南人民出版社，2009年），頁336。

的關係從被統治和壓迫走向平等互助，這也導致了獨龍族作為一個民族，其民族觀念、民族意識的最終產生和不斷發展。

二 高氏兄弟：獨龍江開發與建設的推動者

孔志清作為從獨龍江走出來的獨龍族幹部，是 1949 年以來前 30 年裏獨龍族政治精英的代表，他經歷了新舊政權更替，親身參與了民族識別和邊界劃定，也見證和體驗了尋求適合民族自己的發展道路所遭受的挫折。當前，獨龍江開始了新一輪的開發和建設，國家和上海市政府投入大量的資金並提供技術方面的援助，獨龍江每一天都在變化。在這個過程中，獨龍族人參與了不同層次的建設活動。來自巴坡的高氏兄弟即是在這個開發與建設過程中對地方社會最有影響力的精英人物。其中，大哥從獨龍江區（鄉長）幹起，擔任過縣長，目前是全國人大代表及州人大副主任，是目前擔任行政職務最高的獨龍族人。他的弟弟多年擔任獨龍江鄉教育部門的負責人。他們同母異父的弟弟亦在鄉政府任職，最小的弟弟在老家務農。筆者在西藏察瓦龍獨龍族聚居的黎恩進行田野工作時，房東是村支書，關於他的情況我將在後文提到。巧合的是，該村支書與高氏老二的妻子是同一家族的人，但由於交通不便，他們聯繫並不多。筆者每次進入獨龍江鄉，都住在高氏老二開的旅社；房東一家人熱情好客，我有幸多次受到邀請去他們家裏品嘗獨龍族人的美食。在筆者最後一次準備離開獨龍江的時候，高先生給我講述了他的工作經歷和對教育工作的看法。[26]

正如其它村民一樣，高家在緬甸（克欽邦境內）有很多親戚，他

---

26 本節所用的材料為多次聊天的記錄整理，比較正式的訪談時間為2012年7月10日。高先生一家多次熱情接待，特此感謝。

們的母親原本屬於緬甸木克甘人，結婚後隨丈夫遷到巴坡孟定村。
1954 年，她生下第一個兒子，兩年後有了高先生。兩兄弟都是先在
巴坡上小學（老師給他們取了學名），然後再轉到 30 公里以外的獨龍
江附中讀初中。那時的教學條件很差，教室、宿舍房子全是師生自己
動手建起來的。在簡易的教室裏，老師教授學生語文、數學、政治、
常識、珠算、音樂和體育等課程。據高先生回憶，在他讀初中期間：

　　教師隊伍中，只有一個是大學學歷，其它多數是中專文憑，在當
時條件下，也屬於高學歷的人了。在教授的課程中，政治課是最重要
的。「文革」期間，內地政治運動風暴也席卷到獨龍江，學生批判老
師，少抄一句語錄就要批判，老師沒心思教學生。學生一邊讀書一邊
搞生產、參加政治運動，讀書時間不多。

　　當時，學生的生活費用來源於生產隊轉出的基本口糧，學校在附
近糧店購買包穀、黃豆、稻穀等毛糧自己加工，而肉、菜則靠學校後
勤部門養豬、種蔬菜自己解決。在國家困難時期，學校缺少基本口糧
保障，缺糧季節學生在老師帶領下去挖野百合、達格勒、本苦比利等
野菜充饑。即便是在這樣艱苦的條件下，獨龍江附中仍然培養出了許
多優秀的獨龍族學生。截至 1979 年歸併到貢山縣一中前，附中共招
生 8 個班，畢業生 209 人。在歷屆畢業生中，有人進入省社會科學院
工作，有人到州、縣、鄉機關工作，其中有 3 人為副處級以上幹部、
10 人為鄉科級幹部、41 人為各類專業技術人才。另外的 155 名學生回
到各村寨以後，大部分成了村幹部和衛生員、技術員或致富能手。[27]
在獨龍江讀完附中後，高先生轉到貢山縣師範學校讀書，而他的哥哥
早在幾年前就到怒江州民族師範學校讀書。在 20 世紀 70 年代末，在

---

27 這裏的資料由獨龍江鄉政府主管教育的王副書記提供。他和高先生是工作上的搭
　　檔，經常在一起討論教育工作問題。

校學生仍然要經歷各種政治運動，3 年師範學校讀書期間，真正用於讀書的時間只有 10 個月左右。1979 年，高先生師範畢業，先是分配到捧當鄉（五區）擔任小學教師；1981 年調回獨龍江，在馬庫完小任教 1 年；1982 年分到一鄉龍元村完小教書；1985 年才調回巴坡中心小學任教。巴坡中心小學是全鄉規模最大的學校。此後在這個學校裏，高先生先後擔任過會計、校長職務。直到 1994 年，上級派來了雲南師範大學畢業的李建生，他的教學水準得到了包括高先生在內的全校師生的讚賞和認同，於是高先生就向縣委提議讓李建生來擔當校長一職。貢山縣委和領導聽了高先生的建議後，任命李建生為巴坡中心小學校長，高先生擔任副校長和會計。在獨龍江工作期間，李建生還榮獲了「全國優秀教師」稱號。5 年後，李建生調走了，1999 年上級又任命高先生繼續當校長，一直到 2009 年才退下來。在此期間，高先生經歷了學校的擴展和撤並。獨龍江鄉原有 9 所學校，隨著國家教育資金的投入，各地村寨都辦起了教學點，到 2001 年全鄉學校擴展到 17 所。2003 年巴坡中心小學搬遷到孔當村。2004 年上級認為貢山地廣人稀、山高坡陡、居住分散、校點佈局不合理、辦學規模小，為了使教育資源集中有效利用，決定撤並部分教學點，實行集中辦學。2006 至 2007 年全鄉教學點開始撤並，並成立了「九年一貫制」學校[28]，以此來保證生源和入學率，達到普及義務教育的目的。同時，本鄉的學生也不用到縣城這麼遠去讀初中。卸任校長之後，高先生被上級任命為縣教育專職督導（副科級），但因為年紀大了，就留在獨龍江工作，鄉政府另設有他的辦公室。在教學領導崗位上，高先生認為工作不輕鬆：作為本鄉最大的學校，管事的除了校長就是會計，後者還兼任辦公室主任、工會主席。擔任校長後工作更多、壓力

---

28 「九年一貫制」學校是指小學16年級、初中13年級在同一個學校學習與生活。

更大，校長要負責全鄉的教育工作。以前教學點多，老師要經常下到村裏聯繫村幹部一起到學生家走訪，宣傳法律常識，動員家長送適齡兒童入學，尋訪輟學者，說明村民認識教育的重要性。傳統獨龍族居住模式多以家族聚居建寨，人口稀少，村寨之間相距甚遠、交通不便；從最北端南代向紅寨子到最南端的馬庫，如此走訪全鄉一次要20多天，一年能走訪 3 至 4 次就算不錯了。作為全鄉教育工作者的領導，高先生認為他們最主要的工作除了完成上級的教學任務、保證每一個獨龍族孩子上學並讓他們順利完成九年義務教育之外，還要開展掃盲教育工作。他們從 2002 年開始舉辦掃盲班，一直到 2008 年才結束，主要教授漢文和獨龍文。掃盲對象中，1949 年出生的為第一批，45 歲以下的為第二批，這樣逐步消滅文盲。掃盲老師由附近學校的老師擔任，沒有老師的自然村請初中畢業生來擔任，每晚教學 2小時。在偏遠的地方，並非人人都能領會和接受現代教育的觀念，每一項工作開展起來都非常艱難和曲折。

在教學活動中，最重要的是師生之間語言的表達和交流。少數民族地區的特殊之處在於，剛進入學校的學生聽不懂老師的話，而這些老師多數是外地人，又聽不懂獨龍語。因此，在教與學中就出現了語言交流的困難。地方政府也認識到民族地區教學中母語思維的影響，採取了相應的措施，即組織一批人到昆明或當地縣城接受獨龍語學習和培訓。高先生也參加過獨龍語培訓，他開玩笑說，人老了牙齒不好，學不到位。多數年輕人都不精通獨龍語，倒是信教的人因為經常接觸學得快。另外，學校也編制了雙語教材（13 年級），但因沒有人精通就沒有用上。

語言是一種交流的工具，只有學會說普通話，才能和外面的人溝通與合作，才能有更好的發展機會。但是，學習漢語不僅靠學校教學，生活環境中也需要營造學漢語的氛圍。於是，高先生通過老朋友

的關係，從縣廣播局爭取到了電視信號接收器並發給了村民。現如今，大部分家庭都有了電視，孩子們喜歡看電視，從小就從電視上接觸到普通話。當我們走在村中，常常遇到這樣的情況——與小朋友容易溝通，我們說普通話他們聽得懂，說雲南方言他們反而聽不明白。

有一次，我們在從縣城坐車到獨龍江途中，巧遇獨龍江鄉中學的老師。據他介紹，獨龍族學生學習積極性不高，成績不是很好。這可能是邊疆民族地區學生普遍存在的現象，筆者亦是來自民族地區，對此體會很深刻。針對這種現象，高先生談了自己的看法。他認為，這除了師生之間教與學溝通不理想之外，還涉及老師的教學能力和態度。有些年輕大學生分到獨龍江來，看到條件不好，半年封山與外界隔離，他們就沒有心思工作。按規定，工作滿 3 年後才能調動，但有些老師不到兩年就通過各種關係調走了。上級領導在安排老師的時候，總的原則是本鄉獨龍族師範專業畢業生優先考慮安排到其它鄉任教，以免受獨龍語言的影響。也就是說，在教學過程中還是以漢語教學為主。獨龍江鄉中心完小目前有獨龍族教師 4 個、代課教師 4 個，而新來的老師沒有經驗也沒有耐心，所以教學品質不高。相比而言，以前高先生讀書的時候，老師的學歷雖然不高，但是由於長時間在獨龍江工作，對獨龍江有感情，也更有耐心和責任感，所以教出來的學生成績好，也培養了很多人才。現在，教學環境和條件比以前改善了許多，但翹課、輟學的學生很多；而鄉里的老師很少下村做家訪，老師與學生家長聯繫不多。高先生擔任教育督導後，主要任務就是解決這個問題。他認為，龍元村對這個問題解決得好，而迪政當離鄉政府最遠，輟學的學生也最多，沒有很好地解決這個問題。當該村年輕的幹部來開會時，高先生有意地批評了他們。高先生認為，學生翹課要歸咎於老師平時工作做得不到位，如沒有召開家長會，另外工作方式也不妥。筆者在迪政當田野調查期間，房東經常接到高先生詢問學生

返學動員情況的電話。為此，村最高負責人陳記要進入深山小寨，動員輟學學生返校。

　　毫無疑問，現在國家和各級政府非常關心和重視獨龍族的發展，也制定了「整鄉推進」、「整族幫扶」的發展規劃。在這個方面，高先生的大哥發揮了地方政治精英的作用。另外，在積極爭取上級支持修通公路、帶頭種草果林木，在嘗試新型生計方式、摸索新的生存之道上，他成為繼孔志清之後最具有代表性的實踐者和推動者。

　　在全鄉社會經濟建設的過程中，高先生認識到學校教育的重要性：教育工作關係到整個民族未來的發展，同時亦是一個長期性工作。高先生即將退休，欣慰的是他的女兒考上了中央民族大學的研究生。目前，高先生的夫人在鄉醫院工作，他們借了錢在街道邊修建了旅社。他家裏經常有前來視察工作的領導、遊客或學者、緬甸親人以及各村來訪的村民。高氏兄弟在各自不同的崗位上，面對世界日新月異的變化，利用各種政治身份資源，積極主動地探索新的生存之道。當然，他們也面臨著一些困難，但在國家與各級政府的支持和援助下，他們對獨龍江的前景充滿了希望和憧憬。

第三節　村幹部的生存角色

一　阿沃頓珠[29]：從農奴的兒子到村支書

　　紮恩村位於西藏察瓦龍鄉南部怒江西岸，是 20 世紀上半葉統治獨龍江上游地區的大連布和半連布的農莊所在地。據村中老人阿旺洛

---

29 頓珠是筆者在察瓦龍紮恩村田野工作時的房東和報導人，他猶如我的親人、長輩。特別感謝他和他的家人真誠、友好地接納了我，讓我成為他們的家庭成員。筆者經他同意在其名字前加上了「阿沃」，是爺爺的意思。

珠介紹，1949 年前夕，整個村落只有 9 戶人家（即有土地和房屋的
家庭）。其中 4 戶是富戶，有僕人和農奴，包括兩戶領主（帕萊西和
木果西），他們每年帶著管家從村後的小路趕往獨龍江，在年底封山
之前完成收稅和放貸鹽貨。這些富戶、農民、農奴的後裔構成了今天
紮恩村村民主體，按照自己的認同和民族身份劃分，村民的族屬分別
為獨龍族、藏族、怒族、傈僳族，總人口為 33 戶 181 人[30]，其中與獨
龍族有淵源的有 18 戶，他們的祖輩是 20 世紀從獨龍江兩岸被連布買
過來的娃子（農奴）。

（一）早期生活情況

紮恩村現任村支部書記名叫頓珠，今年 56 歲，育有兩個兒子和
兩個女兒。看其名有藏族人特點，但他聲稱是獨龍族人，認為自己身
上流淌著來自獨龍江獨龍族人的血。在他的口述中，我們找到了他的
家族與獨龍江迪政當地區的歷史淵源。吉松和楠卡楚是獨龍江冷木當
村的一對普通夫婦，他們生了一個兒子，取名郎珠（1918-1985 年）；
之後，他們又陸續生育了幾個孩子。8 年後，由於生活困難，郎珠被
父母忍痛賣給察瓦龍紮恩的帕萊西大連布[31]，換來糧米以挨過饑荒。
郎珠被賣到紮恩後，作為帕萊西的娃子，和其它娃子一起為主人放
牧。帕萊西的牛有 100 多頭。夏天他們趕著牛群到海拔 4,000 多公尺
的高山牧場上吃嫩草。而隨著季節變換和天氣變冷，牧場逐漸轉移到
低海拔地帶，先是在海拔 3,000 多公尺的左都牧場，秋後再下移到門
天峽谷，這裏有連布的避暑房屋；到了冬季，主人們回到海拔 1,800 多

---

30 數據來源於2012年2至4月期間紮恩村入戶調查所得的資料。

31 頓珠的父親是冷木當人，8歲被賣到紮恩村。這段口述材料說明獨龍江上游也存在
人口與米糧或者牛的交易，而在迪政當田野工作時，當地人反而含糊其辭，只是強
調下游緬甸境內才有人口與牛的交易。

公尺的榮恩村，而牛群要趕到怒江邊臺地上避寒、餵養玉米稈；春後半山腰長出嫩芽，再把牛群趕上山，逐月上移到高山上。如此年復一年，娃子們幫主人放養牛群。當時缺衣少布，娃子們剛來榮恩時沒有褲子穿，被藏族人稱為「不穿褲子、不喝酥油茶的人」。他們平常吃的是玉米糊，連布則吃包子和肉。1950 年解放軍從雲南貢山進入察瓦龍，解放了農奴（娃子），榮恩的連布接受了共產黨的政策，成為地區委員；1958 年土地改革時期按照階級劃分，連布被關進察隅監獄改造。[32]當地解放以後，有些娃子回到了原來的地方，大部分人則留下來了，他們分到了土地和房子。過去，娃子們沒有條件結婚，郎珠也是如此。直到當地解放後，已經 30 多歲的郎珠與同樣命運的傈僳族人木迪（1922-1987 年）結婚。婚後，他們生了 4 個兒子，第三個兒子即是頓珠。現在，村裏還有老二和老四的後人。老二名叫鄭迪，懂藏族語言，曾擔任榮恩村小學藏文老師，是 1982 年雲南民族研究所楊毓驤的報導人[33]。鄭迪 14 歲時娶了北部昌西村的藏族女人木瓜為妻子，生了 2 個兒子和 1 個女兒。當筆者進入榮恩村時，鄭迪已病逝多年了。他的 2 個兒子娶了另一個村的藏族女人，組建了一個家庭，共同生育 3 個兒子，他們目前都在察隅縣城讀初中。這 3 個兒子戶口名簿上的「民族」一欄填的都是「藏族」，他們的父親現在想把他們改成「獨龍族」，但非常困難。鄭迪的大兒子叫迪熱，曾擔任村副主任，現在為縣政協代表。迪熱的弟弟開輕卡貨車，經常在察隅和貢山之間拉貨物和旅客，只有在冬天過年時才回榮恩老家。頓珠的弟弟也去世了。他弟弟有一個兒子，娶了藏族女子為妻，和母親住在一起。

---

32 最後的兩個連布是布楚和貢米多吉，即向獨龍江收稅的領主，他們在解放軍進藏時，積極投奔共產黨成為委員，後在土地改革時坐牢生病而死。這段歷史材料由75歲的老支書阿旺洛珠提供，特此感謝。

33 參見楊毓驤：《伯舒拉嶺雪線下的民族》（昆明市：雲南大學出版社，2000年），頁80。

　　苦難的日子無法忘卻，頓珠回想起自己 13 歲時跟隨父親一起到高山上挖藥材的經歷。紮恩村後山上有高山牧場和雪山，山頂上的叢林中長有各種各樣的藥材，其中最珍貴的是蟲草和貝母。過完藏曆新年，山上的積雪開始融化時，正是村民上山挖藥材的時間。通常，挖藥材的人會在山上蓋起簡易棚屋，作為晚上宿營的地方。當時生活困難，大多數人沒有褲子穿，山上還殘留著未融化的雪塊，山風吹來，刺痛肌骨。即便如此，他們還是堅持了 3 個月才下山。回到家後，頓珠穿上家裏唯一的一條褲子趕到紮那（區政府所在地）國營藥材收購站，將挖來的藥材賣掉並換回布匹。頓珠說：「背了一籮黑布回家，讓媽媽裁剪，給家裏每個人做了一條褲子。」與察瓦龍其它村落一樣，怒江河谷乾燥炎熱，沿岸坡地上主要耕種的作物有玉米、小麥和青稞。紮恩村有 384 畝耕地，現在只利用村落附近土質好、有水源和灌溉設施的土地來種莊稼，山腰上很多土地正荒著，或成為牧場，或種些核桃之類的果樹。隨著公路的修通，藥材市場越趨活躍，村民們花更多的時間挖藥材。銷售藥材成了今天紮恩人的主要經濟來源。在人民公社化時期，集體勞作，早出晚歸，但饑荒與挨餓仍在所難免。社員吃的糧食按出工多少分配，不出工者沒有飯吃。不過，紮恩後山有豐富的葛根和各種野菜以及獵物，挖掘葛根和打獵成為補充食物的必備活動。當時，頓珠不明白，人們天天辛勤勞動，為什麼糧食還不夠吃。有一年，他偷偷在屋後種了一小塊地的玉米。後來被隊長發現，這塊地就被鏟掉了，理由是不准私人種地。統一化、規模化的生產是這一時期的主要特色，在如此乾燥炎熱、土質乾硬的河谷兩岸，也曾大力推廣種植水稻。頓珠回憶，在 20 世紀 70 年代，紮恩村腳下紮恩河邊也開墾了 70 多畝的水田，但產量很低；有一年山洪暴發，淹沒、衝垮了這些稻田，之後就再沒有種水稻了。在集體化時期，山上的可耕地全都種上了糧食。由於離村子很遠，為了節約時間，人們

幾個月都住在山上。他們每天按時作息，每到下午 4 點哨子一響，大家就結束集體勞動，然後鑽進樹叢中搜尋可吃的野菜。

（二）貢山趕馬經歷

頓珠 15 歲就練就了捕獵的技能。在農閒時，他每天天亮就出發，扛著獵槍滿山跑，有時還要挖藥材，直到天黑才下山，總有不錯的收穫。20 世紀 70 年代末，那時他 18 歲，當上了生產隊隊長。

那時，從貢山到獨龍江修通了人馬驛道，獨龍族人所需要的糧食和物資全靠貢山調配，貢山方面還組織馬幫運輸隊將生存物資運送到獨龍江。獨龍江鄉吳副書記介紹了當時人馬馱運的情形：

> 貢山到獨龍江未修通公路之前，縣交通局轄下的運政管理所公交科負責運輸，該所專門養馬並組成國營馬幫負責物資運輸。每到封山之前，運輸任務比較重，他們就要臨時聘請人來趕馬，以保證完成運輸任務。每個趕馬人把他自己的身份證留下，以防他們半路偷跑。20 世紀 80 年代後，這種運輸演變成私人承包形式。各地趕馬人都來掙錢，這些趕馬人包括德欽、察瓦龍藏族人，而且他們人數不少，因為趕馬養馬原本就是他們的優勢。[34]

當時，西藏察隅縣政府也在察瓦龍各生產隊動員了趕馬人，支持貢山獨龍族人完成運輸任務。年輕的頓珠和其它藏族趕馬人參與了運輸隊。每年 6 月高黎貢山頂雪化的時候，也就是通往獨龍江的馬道開封之時。此時，各地趕馬人都聚集到貢山縣城，把要運走的物資綁到

---

34 2011 年 10 月 18 日訪談資料。

馬背上。臨走時，每個趕馬人都領到一張單據，裏面記錄著此次運送物品的名稱和數量；到獨龍江鄉時，要把單據與運來的物品進行核對，看有無缺失。運輸的物品包括衣服、針線、糧油等基本生活用品。頓珠非常自豪地對筆者說，他趕著 6 匹馬，馱著獨龍族人的生活物品，在他 6 年的趕馬過程中從沒有丟失過一針一線，將貢山裝來的物品都完好無損地送到了獨龍江鄉政府。在他們從貢山出發之前，有關領導還規定，趕馬人到了獨龍江鄉，不得到村裏走訪親友，否則就要罰款。但是，頓珠第一次去獨龍江、回到祖輩們生活的故地時，非常幸運地與當時在供銷社工作的叔叔相認了，他的叔叔還給他買了衣服和鞋子。長途趕馬是非常辛苦的，尤其是貢山雨季長、降雨量大，山路險峻，有些路段泥水深至膝蓋，個人勞累不說，還要照顧好馬匹，稍有不慎，人和馬都有可能跌下深谷。況且每次運輸需要 6 天才能到達獨龍江。每年開山後一直到年底封山之前，就像供血一樣，馬幫源源不斷地把一年所需的物品運到獨龍江。每到雨季，是對馬幫運輸而言最為殘酷和艱難的季節，也是大量馬匹生病或因苦累死亡的季節，直到大雪把驛道完全封住後馬幫才得到休整。趕馬人自己也要懂得保護馬，在馱運之前要給馬打麻針，防止其踩到石塊而跌倒。因為一旦馬跌倒了，就很難再爬起來。

趕馬人的待遇，最初是每天運送物資可以領到三毛錢；後來有所改善了，每斤物資的運費是五毛錢，每個月補助 20 斤大米。頓珠家裏人口多，經常缺糧吃，他趕馬所得的大米，一半自己吃一半帶回去給家裏人吃。他趕著 6 匹馬，在 6 年的時間裏，差不多掙到了 2,000 元。之後中國進入改革開放時代，頓珠也回到了絜恩老家。這時他已經是 23 歲的小夥子了，娶了同村的藏族女人為妻子。後來他拿出一部分錢，從貢山馱運一些燒酒回來賣。村中有一部分人是獨龍族人後裔，好酒的習俗也延續了下來。燒酒雖然很快銷掉，但路途遙遠、交

通不便，有時還要去貢山趕馬到獨龍江承運物資，也賺不到多少錢。到了 20 世紀 80 年代後期，馱馬運費也漲了，每斤物資的運費達到 89 毛錢。有一年，獨龍江商店失火，燒掉了存儲的物資，貢山縣組織馬幫趕在封山前搶運物資，頓珠也參加了。在他的印象中，那一次趕馬的路上全是運輸隊的人，連找個睡覺的地方都很困難。運輸結束後，獨龍江鄉政府殺豬款待了他們。頓珠曾經給迪政當的人馱運過貨物，也曾經趕著馬從桀恩後山老路走到獨龍江去收購藥材。在這個過程中，他走訪了過去的族人，這樣和獨龍江的家族關係也得到了恢復。前面提到的在獨龍江鄉醫院工作的高先生夫人便是他在獨龍江的表妹。他在迪政當的親友不多了，普爾村的咕嚕老人也屬於同一家族的人，而後者的兒子經常到察瓦龍打工。

頓珠結婚後有了 4 個孩子。20 世紀八九十年代，生活困難，在缺糧季節，他要經常上山打獵，運氣好時打到獵物孩子們才有肉吃；有時要趕馬到貢山運貨以貼補家用。如今，他的兩個女兒嫁到鄰村昌西村，大女兒前年病逝；2 個兒子共娶了本村怒族女人為妻子，3 個人組成了一個家庭，並有了 3 個孩子。

（三）為民謀利的村幹部

頓珠沒有上過學，不識漢字也不懂藏文，日常用語是察瓦龍藏族話。在與筆者接觸的那幾個月，他會偶而蹦出幾句獨龍話。他說自己是獨龍族人，聽、說獨龍話沒有問題。1981 年，他被選為村副主任，1987 年任村主任，1990 年任村支書直到現在。在擔任村支書期間，他組織村民修水溝、修道路，向上級政府爭取經費，完成了不少有益於村民的項目。他在村裏威望很高，村民鄰里糾紛、家庭不和都來找他幫忙解決。桀恩村大部分村民的祖輩是 1949 年前來自昌都、德欽的藏族人，來自貢山的傈僳族人和怒族人，以及獨龍江的獨龍族

人。不同的族源構成了一個村落共同體，村民之間和睦相處。這樣一個多民族共生的村落在察瓦龍鄉 28 個行政村中為數不多。該村於 2011 年被評為「平安村」。為此，上級領導肯定了頓珠的工作，於 2011 年將其評為優秀村支書。作為獨龍族身份的村幹部，頓珠連續 20 年當選為察隅縣人大代表，每年兩次徒步到縣裏參加會議。他每年和龍普村的怒族代表一起去參加會議。他們每人趕著一匹裝著行李的馬，路過紮那鄉府、過怒江，從門空溝裏爬上去，4 小時後才到山頂，還得扶著同伴中年紀大的人爬山；到了山頂後再走 2 小時的下坡路，才到達宿營地。第二天早上起來再爬山和下坡，7 小時後到達日東，然後他們入住朋友家。日東距縣城還有一段路，從紮恩出發一路走來，要六七天才能到縣城。在縣人大會議上分組討論時，阿沃頓珠積極發言，反映村民的困難，多次提出意見，希望政府增加困難補助。他認為，現在的年輕代表到了會上不敢發言。他還認為，現在政府對村民的政策很好，自 2008 年以來，有了退耕還林補助，加上其它低保等各種補貼，每年每戶能從政府那裏領到 1 萬元左右的現金。但是，在會議期間，他作為代表每天得到的補助不足 20 元，每次開會阿沃自己要帶上現金才夠用，對此家人有不少「意見」。

作為紮恩村的最高領導人，阿沃頓珠有機會和其它村的領導一起受政府邀請，到內地各省市參觀學習。2011 年阿沃第一次坐飛機，先到昆明，然後去廣西，最後去了四川成都。在廣西，他們參觀了大水電站的建設，感受到開發水電的各種好處。而後在成都市區開逛時，他們遭遇到打的被拒載的尷尬情形。當時，阿沃頓珠和朋友是藏式裝扮，佩戴著藏刀，這引起了司機的誤解。實際上，和其它藏族人一樣，頓珠出遠門佩戴藏刀，這既是習俗也是一種在陌生環境中的自我保護。村裏的年輕人騎摩托到貢山購物，由於沒有駕駛證，經常會被交警攔下；但是，如果佩戴著藏刀，交警就不會太凶。按照他們的

說法，佩戴藏刀是一種策略。前幾年，阿沃頓珠到獨龍江表妹家裏做
了一套獨龍族服飾。之後，他每年去縣城開人大會議時就穿獨龍族衣
服，以顯示自己的民族身份。

2012 年，在筆者進入紮恩田野工作期間，恰逢 5 年一屆的村委
換屆選舉。在正式投票選舉之前，政府派來工作組到每一戶家庭做動
員工作，讓大家列出自己心目中的候選人，由此形成村民投票人的民
主意識。現年 55 歲的阿沃頓珠談到即將開展的村委換屆選舉，表示
自己年紀大了希望能退下來。不過，最後選舉的結果是，他依然得到
了最高票數，將繼續擔任村支部書記。這也是上級領導的期望，因為
目前的形勢需要一個有威望的人擔任地方政府的代理人。近幾年，國
家越來越重視對西藏各地資源的開發，投入資金，制定相應的政策，
以期社會經濟和人民生活水準達到跨越式發展。2005 年修通了貢山
到察瓦龍的四級公路之後，內地更多的企業老闆進入察瓦龍河谷開
礦、修路修橋、收購藥材等。與此同時，當地的村民與外界的溝通也
越來越便利，而農民在與外界溝通的過程中也強化了市場意識。尤其
是由此引發的利益訴求與政府、外地商人之間產生了政治經濟方面的
互動交織，既有合作共贏之處，也有各方之間因失去信任和理解而帶
來的誤解。在這種社會情境下，地方政府承受著非常大的壓力，他們
既要配合上級政府完成各種建設項目，還要維持地方社會的秩序。而
此時村幹部面臨著更加尷尬的局面，他們經常被指責與地方政府合謀
獲得利益，或者被指責不顧村民的利益和商人簽訂不可告人的協議。
另一方面，村幹部掌握著分配低保名額、建房補貼等各種資源權，因
而在村委換屆選舉時，每個村民投票選使選舉變成了一場政治博弈的
活動。紮恩村雖然順利結束了最新一輪的村委換屆選舉，但平和的氣
氛下隱藏著一股暗流。在選舉鄉人大代表的時候，人們在上一次選舉
中遺留下來的各種不滿都暴露了出來。有的競選失敗者懷疑組織者暗

箱操作，認為自己實際得到的選票數比其它人多。也有人將矛頭指向了阿沃頓珠，認為他的村支書職務是向上級「要來的」。雖然過後那人悔悟了，並向阿沃頓珠道歉。但是，阿沃頓珠感到冤枉和委屈。他的兒子表示，現在一些村民對支書「不給面子」。他說：「過去當幹部沒有待遇沒有好處的時候，誰都不願意當選，那時候我爸爸多辛苦啊，那也沒有撈到什麼好處。」一些村民說：「現在選村幹部，就看哪個候選人的親戚多。」

幾年一次的選舉會議成了對政府和幹部表達不滿的場合，這是村民多樣化的利益訴求的特殊反映。另一方面，民族的符號成為可利用的職權資源——在選縣、鄉人大代表時，獨龍族身份的人有資格成為糺恩村的代表。大部分村民並不完全理解全國人民代表大會、中國人民政治協商會議上提出的「民族平等」原則，他們從經濟利益的角度衡量被選上的人是否讓自己有利可圖，因此在偏僻的村落中選舉代表時出現了各種爭論和不滿。有位村民把自己的身份改為獨龍族——在戶口本上，這是具有法律效力的；但是，卻被人認為不是從獨龍江出來的，因而不是真正的獨龍族人。這位村民是獨龍族人和當地藏族人通婚的後代，他的妻子是龍普怒族人，但是他的兒子和妻子的戶口身份都是獨龍族。實際上，糺恩村經過 50 多年的各民族通婚互融，雙方父母都屬於獨龍族身份的只有 2 戶家庭。他們在宗教、生活習慣上已經藏化了，所以在日常生活中，不會因為民族身份的不同而產生各種糾紛。在周期性的年節中，糺恩村作為一個整體共同舉行祭拜山神儀式以及各種歡慶活動，通過村落成員之間親似一家人的合作和互助互惠的節慶活動——分享食物、共同祭拜山神以及作為一個單位參與全鄉的賽馬會等，將糺恩村塑造成一個團結的村落共同體，重新修復了成員之間的關係。這是傳統的力量對村落社會秩序的影響和維持。

面對越來越多的挑戰和複雜的情形，作為村落行政上的最高領導

人，阿沃頓珠承受著各種壓力，尤其是別人對他的誤解。但他堅持原則，認為在共產黨的領導下，任何情況下都要考慮到是否對大多數人有利。當時，有地質探測隊到村落所在的山崖上取樣，不可避免地要開挖山石，這在村民看來是破壞了他們的「神山」的居所，他們欲加以阻攔。地方政府動員村幹部做村民的思想工作。紮恩村要做村民的思想工作，首先召開村民大會，讓每個人都能表達意見，這是筆者經歷的最為民主的村落政治會議——村幹部並沒有搞「一言堂」，他們是主持人和組織者，村落會議有可能出現吵架的局面，但沒關係，今天不能做出決定，再安排時間討論——不過這對上級派來的駐村工作隊來說是一個挑戰，他們要花更多的精力和時間去做思想動員和解釋工作，以獲得村民的支持。阿沃頓珠和其它村幹部在與政府和外來開拓者協商時，全力為村民爭取到最大限度的利益。比如，上級提供資金修建一座橋，在工程隊勘查時優先雇用村民馱運物資，以增加村民的收入。

二　鄉村政治精英：村民與政府之間

紮恩和獨龍江獨龍族人在歷史地理上有著密切的聯繫。沿著紮恩後山的一條古道，翻過高山牧場，連通獨龍江峽谷的北部村落，這就是 1949 年以前察瓦龍領主派人收稅行走的路線。收稅的人到達獨龍江北部最大的村落迪政當需要兩天的時間，迪政當寨子成了領主在獨龍江流域的一個據點。這裏的獨龍族人比下游的人更依賴察瓦龍人的物資——鹽、牛、糧食、衣物和斧頭等生活生產工具，在宗教文化上受藏傳佛教的影響也更大；而察瓦龍人也吸收了地方神靈的信仰，即包含苯教的元素。紮恩村現任村支書和村主任都和這裏的獨龍族人有著族源關係，目前兩村之間還保持著通婚關係。在兩地中間地帶，雙

方共用山地資源，包括各種藥材、動物等。作為一個行政村，迪政當包括分散在獨龍江支流克勞洛和麻必洛兩岸的村寨——向紅、木當、普爾，以及沿著河流而下的雄當、迪政當、冷木當共 6 個村寨，有168 戶 620 人。[35]迪政當現任村支書陳記，筆者在察瓦龍紮恩村時便聽聞這個人，紮恩村主任告訴筆者，陳記是他們的親戚。陳記的父親曾國良，出生於 20 世紀 20 年代，由於「曾」和「陳」口音相近，在身份證上兒子和父親的姓不同，這不奇怪。在計算家族譜繫時，他們不是按現在的姓氏來追溯，這些漢姓是當地解放以後上學時老師給取的。實際上，他們屬於戛姆勒氏族的熱迪結木然家族。到陳記的祖父一代，本村的馬勒家族無後，為了保留土地使用權，他的祖父就過繼到馬勒家族，耕種馬勒家族的土地，並代馬勒家族向察瓦龍領主納稅。[36]在察瓦龍領主統治時代，陳記的祖父與紮恩、龍普等地的人結交「本南」關係，進行物物交換，在饑荒缺糧季節得到了後者的支持。

在曾國良老人的記憶中，十八九歲時，他看見了獨龍江上空飛過的飛機；過了幾年，察瓦龍領主的兩個管家過來跟獨龍人說以後不再收稅了；不久，幾個穿軍裝的人來到村子裏，召開村民會議，宣佈了貢山解放的消息，後來才知道這些穿軍裝的人是解放軍。於是，獨龍江成立了區政府，領導讓他去林業部門工作。由於沒有上過學，曾國良不識漢字，也不會說漢語。上級為了培養他，將其作為年輕有潛力的代表選送到昆明雲南民族學院語文科系培訓。在他那一批人中，還有一位來自獻久當的獨龍族代表。整個貢山除了他們兩個獨龍族代表，還有怒族、傈僳族的代表。那是 1972 年，當他們來到學校時，

---

35 資料由獨龍江鄉辦公室於2012年7月11日提供。

36 2012年7月4日訪談資料（陳記提供）。陳記提供的信息是根據2011年10至11月、2012年7月筆者與他的多次交流整理而得的。

發現學校的房子破舊，到處都是灰塵。他們在學校的第一堂課就是打掃和清理房間。上課的時間不多，也不記得學了什麼課程，印象中大部分時間都在幹活，要麼是種菜，要麼是打掃衛生。但相比接受培訓之前，每個人最大的收穫是學會了識字，瞭解了共產黨和國家對少數民族的政策。1974 年，他們結束了學習。[37]接著，政府安排他們到內地參觀學習，去了山西大寨學農業建設，到其它城市的工廠車間參觀學習，最後還去了北京參觀天安門。到北京時，恰逢冬天，天飄著雪，特別冷。好在他們在昆明時買了襪子和鞋子，否則雙腳一定會被凍壞。回到獨龍江後，曾國良被分配到第一行政村公所工作。20 世紀 70 年代，迪政當和龍元合在一起稱為一鄉（村級行政單位），整個獨龍江被劃分為 4 個鄉。但今天這裏的人還習慣稱彼此是「一鄉」的人。80 年代初期，村級行政改革，龍元和迪政當分別建立了村公所，曾國良擔任村裏的主要領導職位，一直當到村支書後退休，整整做了 15 年的村幹部。

曾國良參加工作後一直沒有找對象結婚，當時已經是 40 多歲了。周圍的人都以為他年齡這麼大了肯定找不到老婆。後來因經常在龍元村工作，認識了白來寨子的一位女子。具體是哪一年結婚的老人已經記不清楚了，但是令他印象深刻的是，他們兩個去區裏登記結婚時，區政府的房子著火燒掉了，紙和印章也被火燒掉了。民政幹部看他們兩個年紀這麼大了，就說不用領證了。回家後，他們請了親戚朋友吃飯喝酒，就算結婚了。

他們結婚後，一共生了 5 個孩子。大兒子即是陳記。老二和老三在村裏搞「農家樂」，做旅遊嚮導和背夫。大女兒嫁到山東，小女兒

---

37 在昆明學習的具體時間，曾國良老人已經記不清楚了；但巧合的是，我們在他家裏找到了他當年培訓學習時的畢業證，所以知道他在昆明的學習年限。

嫁在本村。據陳記回憶，他小時候家裏生活很苦，沒有飯碗，只有竹編的盆；飯菜裝在一個大盆裏，全家人圍坐在一起，由母親分給每個人。如有肉時，不論大小都一律均分。獨龍江稻穀產量不高，可種的地也很少，米飯常常不夠吃，一個解決的辦法是炒包穀做包穀扁。出門時，每個人的口袋裏裝上包穀扁，餓了就抓起來吃。包穀扁可以保存很長時間，存放時間越久嚼起來越香。

陳記出生於 1978 年。6 歲割豬草時右腿被毒蛇咬到，還好及時發現，清除了毒素。12 歲時，他和弟弟一起上山砍柴，不幸的是，弟弟不小心砍傷了陳記的右腿。這樣一來，他的這只腿經過毒蛇攻擊和斧頭誤砍，落下了小疾，右小腿比左小腿瘦小。陳記說，走路時間長的話，他的右腿會酸痛，使不上勁。1995 年巴坡小學畢業後，他到貢山縣城讀初中。按照政策，畢業時只要達到一定的分數就可以由政府安排就業，但是他們這些來自獨龍江的學生由於沒有「關係」，他們的就業名額就被縣城的學生頂替了。於是，他們沒有分配到工作，只能回老家務農。不過在這段時間，陳記接觸到了前來獨龍江做社會文化調查的一些學者，替他們做翻譯和嚮導。不久，他與雄當村的一位姑娘結婚。2008 年，他妻子生下第二個孩子的時候，正值奧運會在北京舉辦，他就把女兒的名字取為陳北運，以紀念這個特殊的日子。2000 年，陳記當選為村委副主任，負責全村的統計工作；2009年榮升村主任；2010 年兼任村支書。村一級的行政組織框架通常由村黨支部和村民委員會組成，分別由支部書記和村委主任領銜負責村中內外事務。行政村由各村民小組（自然村）構成，各村由村小組長（正、副兩職）負責。現在，很多地方的行政村為了方便管理，兩個組織合併在一起，由書記兼任村主任。迪政當村就是這種情況，陳記身兼書記和主任兩職，其它村委成員包括村黨支部副書記、村委副主任以及武裝幹事。行政村辦公室建在冷木當小組。為了辦事方便，陳

記把家也搬到冷木當。村副主任李付是冷木當人，另外兩人來自更遠的向紅村和龍元村，沒有緊急的事情就不到村委辦公室。因此，村委日常工作由陳記和李付兩人負責。其它行政村還有駐村大學生，即所謂的村官，但是像迪政當、馬庫這樣偏遠的地方則沒有村官。當前，獨龍江正處於「整鄉推進、整族幫扶」的項目建設中，像迪政當這樣有特點的村落還要重點建設為「民族文化特色村」。因此，村裏除了本村的居民外，還有大量的外來施工人員，以及由此而來的駐村工作組（上級政府派來的，由 23 人組成）和工程項目負責人。

陳記作為村的行政最高領導人，三天兩次接待前來視察的縣鄉官員。領導走後，他要協助工作組把領導的指示落實到各村小組，還要做動員村民搬遷的思想工作。這些看似簡單的工作，其實具有很大的挑戰。要得到村民的支持和理解可不是一件容易的事。首先自己須領會上級的意圖和檔的核心思想，然後才能用獨龍話解釋給村民聽，讓村民在理解的基礎上予以支持。政府的意圖是按照他們的思路和規劃去幫助村民、改善當地人的生活條件，但是這份好意落實起來需要村民的配合與參與，即遠方的村子要搬離原來的住處、行政村所在的中心地區的村子則要把土地讓出來。政府不想把專案搞成是與村民無關的事，因而特別強調村民的參與，如房屋木料的砍伐、地基的修整以及沙石的揹運等。在實施這個項目的過程中，充滿著村民與政府之間的互動。村民總是希望獲得更多的保障和利益，而政府則認為可以「簡單化」和「統一化」，缺乏考慮地方的特殊性。村民的願望與政府的具體方針能否順利達成一致，很大程度上與村幹部動員工作的成效有關。另外，政府承諾的事情能否兌現，影響著村民與政府的合作態度，這同樣會涉及專案建設後期工作能否順利完成。

陳記的工作主要介於地方政府官員與村民中間。筆者在田野調查工作期間，多次跟隨陳記到村民家走訪和做動員工作。他要走遍所管

轄的每一個村寨，最遠的向紅和木當寨子不通公路，要半天才能走到，每次去都要花兩三天的時間。有一次，筆者跟著陳記和工作組的一位官員一起到木當寨子走訪村民，從冷木當徒步到木當，花了4小時，然後入住在本寨的老組長家裏。晚飯過後，陳記開始走訪家戶。每到一家，他都要和家長喝上幾杯自釀酒，接著才談搬遷事宜。坐在火塘邊，在杯盞交錯中，陳記「曉之以理，動之以情」。最終，村民們都表示服從政府的安排，支持陳記的工作。木當有18戶60人，陳記花了一個晚上和一個上午，走訪了所有家庭並說服了村民，最終村民們同意了政府的搬遷方案。到了晚上，陳記又和小組長一邊談工作，一邊喝酒，一直到深夜，最後所有人都喝醉了，公事私事也都談妥了。當我們離開時，熱情的村民還要贈送土雞給陳記，陳記則一一付了錢。陳記總結說：「其實獨龍族村民都很善良，只要我們願意坐下來跟他們談談話、喝喝酒，什麼事都可以解決。他們送的雞我們不能白拿，要給錢的，但是這些土雞可以用來招待上級領導。」

陳記坦言，這段時間的工作壓力非常大，一方面要不斷接受上級領導的指示和監督，另一方面還要做好群眾的思想工作以及調解本地村民與外來施工人員之間的糾紛。外地領導和外來人員認為村民思想不開放、文化素質低，因此讓村幹部多做動員工作，直到村民的「腦子開化」。獨龍族是好喝酒的民族，在這裏不論是地方官員還是村幹部抑或群眾，工作一段時間後都被鍛鍊成「好酒量」。筆者經常看到陳記的醉態，他說這是正常狀態。領導來了他要喝酒，到村民家裏，村民敬酒也不得不喝。總之一句話，不喝酒，村委的工作就無法開展。那些外來的施工人員，多數是貢山、福貢一帶的傈僳族人，他們也是好酒的，閒暇之時就喝酒。有時，他們酒後與當地村民有了爭執，村委和工作組就要立即調解。有一次，工程隊的挖土機壓死了陳記家的一頭小豬，若是村裏的其它人遇到這種情況可能要跟工程隊糾

纏很久，而陳記則處理得很好，他非常大度地接受了司機100元的賠償。他說：「這頭小豬養了5個月，按照市場價來算，可以賣300元了，但是這些工程人員是來建設我們獨龍族地區的，不能破壞了和諧關係，只能怪小豬自己命不好。」按照上級要求，作為村主任兼書記，他每天必須在村委會堅守，而每個月的工資只有600多元。他不能像其它人一樣上山挖藥材，也沒有更多的精力去照顧家庭。他常常沒有時間和家人一起吃飯，這使得他的妻子對他有意見，有時喝醉酒時夫妻難免會爭吵。有時看著別人去掙錢，他也會抱怨：「領導不是天天講讓幹部帶頭致富，現在哪有時間去掙錢啊！」不過，他的機會還是有的，去年縣裏負責幫扶迪政當村的司法單位給他們村提供了50多畝附子（藥材）苗子，分配給他和副書記、副主任三人來試種推廣。這也是政府推廣某一項經濟專案的方式，先讓村幹部帶頭試種，有了經濟效益之後，再推廣給其它村民。

　　不同於父輩們，陳記現在有很多機會到外地去考察和學習。他到過昆明、北京參觀學習，也接受過獨龍語培訓，他和李付的夫人還優先得到機會去縣城參加廚藝的培訓。這些培訓專案是為將來的旅遊開發做準備的。但是，作為村一級的幹部，他的主要工作是維持和穩定村落的社會秩序，使得政府的政令得到順利的貫徹和實施；他們的權利來源於地方政府，如在分配低保、各種生活補貼等方面。但是，他們與國家之間的互動僅限於與地方鄉級政府，最遠到縣級政府，相比較而言他們與村民之間的聯繫更為緊密。滇藏邊緣地區的例子證明，一個有權威而成功的村幹部，首先是一名村民利益的代理人，然後才是地方政府的下級。

　　個體行動者屬於整個社會的一部分，是社會規範、文化觀念的實踐者。本章提到的各種角色的人物，是從社會結構的範疇來劃分的。但是，透過個體生命的歷程，我們看到了邊疆社會變遷的歷史軌跡。

在 1949 年以前，獨龍族社會的構成基本單位是家族。頭人、祭師來自社會的不同領域，前者承擔著組織生產、調解糾紛、維護社會秩序和聯繫外界的職能，後者是在溝通神靈、祈求豐收儀式活動中的組織者。他們在社會威望方面具有共同點，有時頭人亦有祭師的身份；同時，他們能說會道，在內外聯繫中代表本群體與察瓦龍藏族人、土司和設治局的人溝通，維護本群體的利益和動員群體與當權者抗爭。新中國成立後，地方頭人通過學習完成身份的轉變，成為國家的地方領導人。在獨龍江，他們代表國家改造社會和文化；而到了國家政治場域中，他們代表獨龍族向領導反映地方情況和爭取政治經濟利益。鄉村幹部則在更小的社會單位裏發揮著類似的作用，他們與地方政府之間是一種互惠共生關係。政府依靠他們維持地方秩序和落實政策，村幹部則需要政府的專案支持，從而推動地方建設，提高自身的社會地位和威望。因此，國家的政策和地方精英的行動成為推動獨龍族社會發展的動力，獨龍族人在這樣的政治環境下，充分利用各種動力因素，改善當前的生存狀況。

第六章
邊緣政治：從多邊關係到一體化進程

> 鹽從東方來，我心向東方。
>
> ——獨龍族諺語

歷史上，位於中緬邊界、滇藏交接地帶的各部落群體，為了生存而捲入或者依附周圍不同的政治勢力。本章將由精英角色的視野擴展到政治環境，從而探討獨龍族人與周邊族群的關係以及與不同政治體系的接觸和相互連接。在多重權力交織的格局裏，獨龍族人處於權力結構的最底層，這使他們在遭受掠奪和侵佔的同時，也產生了選擇依附於不同勢力的機遇，由此建立了多邊動態的權力關係。在共和國的歷史進程中，遠離權力中心的獨龍江逐漸被納入國家政治組織體系，獨龍族由於其獨特的歷史文化和邊緣的地理空間，成為國家重點援助和建設的區域，獨龍族人因而也獲得了新的生存和發展機遇。

第一節　邊疆社會的族群與政治

貢山位於怒江上游西岸，處於中緬邊境、滇藏邊緣交接地帶。歷史上，貢山長期處於地方部落頭人統治範圍，曾屬於南詔、大理地方政權的轄境，元代屬於麗江路管轄，明朝被納西土司木氏征服。但是，在清代之前我們並不知道貢山及其西部的人群分佈情況以及他們

的生活狀況，歷史上也沒有他們繳納賦稅的文獻記載。清朝至民國，隨著中央統治勢力的深入以及邊界問題的產生，該區域引起了地方和中央政府官員的關注，才有了相關文獻記載。我們從這些文獻記載和20世紀五六十年代民族學者的調查記錄中發現，貢山地區居住著多個族群，他們關係複雜，文化、生計活動多樣；該地區山地生態資源豐富，是漢族、納西族、傈僳族和藏族等地方強勢在政治、軍事上相互博弈的區域。在地方志上被稱為「怒」、「俅夷」的是最先居住在怒江西岸和俅江流域的族群，但他們勢力較弱，在族群權力結構中處於最底層。

一　滇西北族群分佈與權力角逐

清代以前，怒江上游西岸雖在文獻中被認為屬於南詔和大理管轄，但實際上沒有在地方設立管轄機構，地處邊緣，因而成為滇藏地方武裝軍事緩衝地帶。木氏原為麗江麼些土酋，在元朝時被封為「麗江宣撫司副使」；到了明朝洪武初年，木氏主動納貢歸附，自己也獲得了明朝皇帝朱元璋賜木姓和封麗江土知府職。[1]明朝扶持木氏有自己的政治軍事目的，明朝統治者擔心「北虜」（蒙古貴族）與「南番」（吐蕃貴族）可能出現的聯合[2]，把前者視為對其統治的最大威脅。對此，明朝一方面將軍隊駐防在蒙古高原南部，以防止「北元」南侵；另一方面對藏族聚居區的宗教領袖和貴族採取「多封眾教」的籠絡政策，但還是不放心，仍採取措施加以防範，在安多北部屯兵以備不測。在這樣的政治形勢背景下，木氏家族的勢力成為明朝可依靠的

1　參見〔明〕毛奇齡：《雲南蠻司志》，方國瑜主編，徐文德、木芹、鄭志惠纂錄校訂：《雲南史料叢刊》（第五卷）（昆明市：雲南大學出版社，1998年），頁983。

2　參見伊偉先：《明代藏族史研究》（北京市：民族出版社，2000年），頁170。

力量，成為牽制滇、川、藏交接地帶地方藏族武裝力量的藩籬。同時，木氏利用朝廷恩威，向西部和北部擴展地盤和勢力，這個武力擴張的過程亦是與地方藏族勢力爭奪控制權的過程。這種複雜的政治環境成為影響滇西北各族群分佈格局的重要力量。

這樣，位於滇藏交接地帶的金沙江、瀾滄江上游兩岸成為木氏土司和藏族頭人爭奪控制的區域。到了 16 世紀末，雙方反覆進行的拉鋸戰進入了白熱化階段。在朝廷的首肯和支持下，土司繼承人木增先後征服了中甸及其北部的木裏、巴塘、理塘、鹽井各地，向西則擴展到怒江流域及其西部。木氏土司的擴張勢力由此達到了高峰，木增也被人稱為「木天王」。木氏土司在征服的各地區建立寨堡，遷移麗江納西人來屯墾，並設立「木瓜」[3]進行統治，由納西貴族高級將領來擔任，並委任地方（藏族）頭人為「白色」（白色是納西語「村寨頭人」之意），讓他們管理百姓，解運賦稅。在更遠的藏族聚居區，土司派出親信官員「絳本」來負責軍政事務，「絳本」之下設若干「木瓜」，主要負責管理士兵及戰事，再下層管理者是各村的頭人即「白色」。每個「絳本」歸屬木氏土司向某一地區派出的大頭人，而大頭人則聽命於土司，由此形成自上而下的一套軍事統治體系。[4]這些遷來的農夫和士兵平時種地建設莊園，戰時出征打仗。在木氏土司征服的要塞中，維西地方政權和獨龍族人歷史命運聯繫最為緊密。

（一）維西土司對俅夷地的管轄

維西，曾是藏族領主與滇西豪強軍事爭奪的要塞，其地界臨著中

3　「木瓜」制度是木氏土司所制定的一種軍事管理制度（參見楊福泉：《納西族與藏族歷史關係研究》，北京市：民族出版社2005年，頁112-114）。

4　參見趙心愚：《納西族與藏族關係史》（成都市：四川人民出版社，2004年），頁225-226。

甸、德欽藏族聚居區。在大理國時代，維西境域有納西族先民「麼些」人居住。元代時首次設立縣治，治府在北部的統雄，與吐蕃以葉枝為界。維公元時稱臨西，從這個名稱不難理解它處於滇西邊陲，是吐蕃境地的前沿。明代沿襲元制，仍稱臨西縣；但常受到北邊藏族人的侵擾，木氏土司受命去阻抗。萬曆年間，木氏土司贏得了維西爭奪戰，木氏土司的高級將領「木瓜」，獲勝後留在維西鞏固實力和開拓疆土。禾娘和丈夫屬於這批「木瓜」的後代，丈夫病逝之後，禾娘繼承丈夫之職，繼續開闢維西。清代以降，木氏土司失勢，到雍正時實行改土歸流制度，漢官進入，地方事務逐漸歸流官之手。雍正初年[5]，禾娘和她的家族主動歸附朝廷，維西亦實行改土歸流；但朝廷保留了禾娘的官職，並從原來的頭目中復設土千總 2 人、土把總 5 人、土目 29 人，分治維西境地，受通判管制。禾娘重新被封為土千總，住在康普村。聽說朝廷要建設維西，怒江上游的怒俅夷（怒族、獨龍族先民）相約來到康普土司署，納貢求附。禾娘接受了他們，並設立了一個機構專門安撫部落之民。這些納貢者到維西時得到了土司賞賜的砂鹽。之後，他們將所挖到的黃連、貝母等藥材背到維西進行交易，同時一些小商販也背著鹽和茶到怒俅地交換藥材。統治者實施的一項重要的政治舉措，就是在怒俅夷地設立「白色」職位。這些職位多由地方有威望的頭人或者家族長來擔任，負責管理門戶和收繳賦稅。收稅及稅官的設立，標誌著怒江上游今貢山一帶及西邊的獨龍江流域納入了納西族土司的管轄範圍。歷史上的維西主要包括康普、葉枝、臨城、橋頭、吉岔等實力較大的村寨，除了禾娘家族，這些村寨的土司頭人曾到獨龍江流域及下游恩梅開江流域俅夷地徵稅。維西儸

5　餘慶遠的《維西見聞紀》中記為雍正七年（1729年），但在何炳臣的《維西縣治稿》（1932年抄本）中提到禾娘在雍正五年（1727年）歸附。

然是滇西北的重要門戶，向北通達阿墩子（德欽）進入康藏，向西過
怒江通往貢山及西藏察瓦龍。

　　禾娘生前是維西最大的土司，她的勢力曾深入到怒江上游和極偏
遠的俅夷地。她的丈夫和兒子皆病死。她有一個女兒，後來遷居到葉
枝，改姓王，從此，後代土司皆姓王。改土歸流後，禾娘及其家族的
勢力受到了削弱，轄地也被其它土司分割，範圍進一步縮小。尤其是
在嘉慶八年（1803 年）發生了傈僳族農民「恒乍繃起義」事件，朝
廷認為她失職，趁機剝奪其土千總職位，由在鎮壓起義中有功的康普
頭人嗬珠代替其職位、橋頭土把總王居仁為助理。直到光緒二十八年
（1902 年），貢山發生「白漢洛教案」，總土目嗬珠被貶職，禾娘後
人葉枝土司王國相因「保教保民」有功，獲封菖蒲桶土弁，從而取代
了嗬珠土司，重新取得怒俅地管轄權。禾娘之後，對俅夷地的徵稅權
也不能一家獨享了，據李道生對維西土司後人的採訪，維西各土司在
俅夷地的轄區如下：

　　　　康普土司，主要轄區是拉打閣河以東、岔角江上游的俅人聚居
　　　　區。橋頭土司的轄區在獨龍江上下游、恩梅開江上游地區，委
　　　　派過六個「俅管」進行管理。葉枝土司的轄區位於拉打閣河和
　　　　立玉池河沿岸地區。吉岔土司則分管拉打閣河南岸及立玉池
　　　　河、岔角江上游沿岸地區。維西各土司通過委任傈僳、怒族頭
　　　　人為「俅管」，定期巡視，組織年拜等措施，對其所轄區實施
　　　　間接和直接的管理。[6]

6　李道生：《維西康普、葉枝等土司管理怒江始末》，李道生主編：《怒江文史資料選
　　輯》（第十一輯），政協怒江傈僳族自治州委員會文史資料研究委員會 1989 年刊
　　印，頁53-54。

改土歸流後的維西諸土司設俅管統治俅夷地，這是延續木氏土司在所征服地區的治理模式。由於在怒江上游也沒有建立地方管理機構，俅管們成為維西土司在俅夷地的權力代理者，而土司們受封於朝廷。這種權力管理體系，凸顯了怒江以西的俅夷地處於朝廷和國家政治的邊陲。朝廷通過稅收和控製鹽等生活稀缺物品維繫著地方與中央的聯繫，即便如此，對於身處邊陲的獨龍族人來說，他們通過向土司納貢表達對中央（東方）王朝的忠誠。在朝廷的權力還沒下延到邊陲之時，地方與朝廷的聯繫是較弱的，在出現替代者時還會出現嚮背的擺蕩。與此同時，地方勢力對其領土和人口的爭奪變得更加激烈。

雖然由於朝廷政權變更，木氏土司經歷了由盛而衰的過程，滇藏之間的界線也越來越明晰；但是在滇西北，藏族領主與納西族土司之間的權力博弈依舊持續著。怒江上游和獨龍江流域則成為他們爭奪的新領域。

（二）察瓦龍藏族領主勢力南擴

在今天的貢山縣北部，經過丙中洛鄉，沿著怒江向上走，有一條土石路通往西藏察瓦龍鄉。歷史上，這條小路雖不是滇藏線的主乾道，卻是一條非常重要的商道。察瓦龍境內所產的黃連、貝母等藥材，經過此路駄運到貢山茨開，再往東聚集到維西，然後進入內地市場。民國文獻中有「藥會」一說——每年七八月間，來自獨龍江、察瓦龍等地的藥材運到貢山的茨開，外地的藥商此時亦來到貢山採購、交易。[7]「藥會」的意義在於它促進了滇西北各地人群互動、各地物資集中交易，實現不同群體文化的交流和生活物資的流通。「察瓦

---

7 參見菖蒲桶行政委員公署編纂：《菖蒲桶志》，見李道生主編：《怒江文史資料選輯》（第十八輯），政協雲南省貢山獨龍族怒族自治縣委員會、政協雲南省怒江傈僳族自治州委員會文史資料研究委員會1991年刊印。

龍」乃「炎熱峽谷」之意。整體而言，怒江兩岸的低地臺地和半山腰的坡地上很難種出高產量的糧食，一些富戶和領主組織馬幫進行遠距離貿易。民國左仁極調查雜瑜（今為察隅）的報告中提到：

> 門空一帶，富商尤多，且多與滇商有感情，在康定貿易之察瓦絨巴，則全部加入滇商集團，視如同鄉，故凡滇商赴察瓦絨各地經商，頗受當地人士所歡迎，不惟進出無阻，縱令發生困難，亦多得土人之協助。[8]

　　這段調查資料表明，察瓦龍人善於經商。他們與滇川商人之間構建的人際網路，以及《菖蒲桶志》上有關商貿方面的記載，說明了至少在民國時期，察瓦龍已經參與到滇、川、藏貿易體系中。其中，他們的馬幫從芒康鹽井馱運砂鹽到貢山交換糧食，以解決自身糧食產量不足的問題。即便是今天，察瓦龍整個鄉大部分物資依然是從雲南的貢山運來的，貢山仍然扮演著物資中轉站的角色。這種商貿上的依賴與互動關係，伴隨著地方權勢的鬥爭與結盟而展開。

　　談及察瓦龍與貢山在歷史上的政治交鋒，首先需要釐清察瓦龍與西藏地方政權之間的歷史脈絡。由於缺乏史料，我們無法確定察瓦龍何時才被納入西藏地方政權體系。察瓦龍的西南方向中、印、緬交界處包括俅夷地，在清末川軍劉贊廷的記載中被稱為「野人山」，該地一直是西藏地方政權流放罪犯之地。[9]察瓦龍東部與北部稱為野番，屬於自成部落體系、多頭統治的地區，直到 20 世紀 50 年代昌都解放

8　左仁極：〈雜瑜調查報告〉，蒙藏委員會調查室編：《昌都調查報告》，1932年9月印行。

9　參見平措次仁、陳家璡主編：《西藏地方志資料集成 》（第二集）（北京市：中國藏學出版社1997年），頁1。

以前，地方政權和中央政府未能完全統一。[10]在政治統屬方面，察瓦龍屬於比較特別的區域。從當地人關於宗教領袖的傳說中，可以推測其與地方政權中心的聯繫。在縶恩、阿丙等村岩石上刻畫著蓮花生大師（格薩爾王）的坐像，以及刻印的經文。在縶恩與昌西兩村的交接處，有兩座岩峰，形狀像兩顆心；當地人傳說這是魔鬼的心，後來被蓮花生大師收服了。一些村子的名稱，如「昌西」原意指的是格薩爾王脫盔甲休息的地方，「龍普」意指格薩爾王脫帽子放下來的地方。當地老人說，蓮花生大師一生除妖降魔，是勞苦功高的人。在蓮花生大師之前，還有一位佛教高僧也來過察瓦龍。那是吐蕃時期，佛教剛剛傳入，勢力比較弱，吐蕃王妃子信苯教，不希望看到佛教的發展，便派人刺殺佛教首領，其中七世覺之一——「百日縶那」受到藏王保護，被流放到察瓦龍地區。從這些傳說和地名來看，察瓦龍地區在7世紀屬於吐蕃邊地；而在13世紀時，受到了薩迦派的影響。

依據當地的藏語，「察瓦龍」解釋為「炎熱的河谷」。怒江縱貫察瓦龍全境，深切割成高山峽谷地貌。從低地河谷到高山牧場，形成了炎熱到寒冷的不同氣候帶。察瓦龍成為一個行政區域的名稱始於20世紀50年代，更早期被稱為「門空」（悶空、米空或者門工），包括了鹽井地區西南的一部分。門空位於察瓦龍境內北部怒江西岸，是幾個村子的統稱，包括康然、前中瓦、左布、崗藏等4個村寨，共有206戶1,178人[11]，村民全部為藏族人。在2009年修通鄉政府到縣城察隅的簡易公路之前，門空村是北到察隅、拉薩，南往雲南貢山、德欽的驛道必經之處。而門空之所以成為一個區域的名稱，在於這裏的政治、宗教、交通在整個區域中的地位以及所起的作用。

---

10 參見西藏社會歷史調查資料叢刊編輯組編：《藏族社會歷史調查》（四）（拉薩市：西藏人民出版社，1989年），頁6。

11 資料由察瓦龍鄉政府辦公室於2011年7月提供。

　　20 世紀 80 年代初，雲南學者楊毓驤先生通過訪談發現，門空一帶是整個藏族聚居區領主最為集中的地方，在政治經濟方面影響力比較大的有瓦宗、瓦渣和瓦西三戶領主。[12]另外，對長安國家族的界定，筆者的報導人包括門空、棽那村的人告訴筆者長安國是瓦渣家族人，但在楊毓驤的《伯舒拉嶺雪線下的民族》一書中提到的是瓦宗家族人。本書以田野調查材料為準。瓦渣是門空富戶長安國的後裔，根據當地的傳說，大約在 17 世紀時，長安國獲得了五世達賴喇嘛的賜封，包括印書「格蘇格德」和大量的土地和黃金。瓦宗家族有一個叫達吉的人重建了喇嘛寺，取名為「達吉貢布」，「貢布」為藏語寺廟的意思。達吉寺成為察瓦龍佔地規模最大（50 畝）、裝飾最為華麗、在地方影響最大的喇嘛寺。

　　當地 70 多歲的老人鄭迪回憶：

> 達吉寺，它不是簡單的寺廟，在西藏，除了拉薩的寺廟，就是我們這個廟最大了。它管轄著整個察瓦龍地區 13 個寺廟。那時香火很旺，廟裏的佛像、菩薩都是黃金做的，還有很多銅盆、銀碗。這些都是在外地做生意的察瓦龍人捐贈的。當時廟裏有兩個大喇嘛，由瓦宗家族人管著，還住著 100 多個小喇嘛。每到過藏年的時候，大家穿著最漂亮的衣服到寺廟裏跳舞。可惜這些都在「文化大革命」的時候被毀掉了。現在我們看到的是 1996 年全鄉各村捐資重建的，規模和裝飾程度與過去無法相比。[13]

---

12 參見楊毓驤：《伯舒拉嶺雪線下的民族》（昆明市：雲南大學出版社，2000 年），頁 57。

13 2011 年 8 月 19 日門空格德村訪談材料（感謝村委副主任阿嘎協助翻譯）。

筆者田野調查時，達吉寺來了一位來自古拉鄉的年輕活佛，他也是整個察瓦龍鄉的宗教領袖，目前他在昌都寺院學習。在筆者走訪過的榮恩、昌西、頂需、榮那、門空村的藏族人家經堂裏供奉著他的相片，而且筆者的報導人多次強調這位活佛法術高明、為人慈善。顯然，他受到了信徒們的尊敬和崇拜。在過藏曆新年或者一些重要的祭日裏，各地村民前來達吉寺燒香拜佛。一次，筆者還碰到了幾個剛考上大學的年輕人，在他們前往學校報到之前，首先來到寺裏舉行上香點油燈、煨桑等儀式，並向寺廟捐贈酥油。

喇嘛寺與地方政府的關係，在西藏政教合一制度的背景下顯得非常重要。這就不難理解，瓦宗家族與察瓦龍地區最大喇嘛寺之間的聯繫為何突顯了前者的社會地位和政治影響力。家族權勢的建立與西藏地方政府的支持分不開，長安國與五世達賴喇嘛阿旺羅桑嘉措建立的聯繫起到了關鍵作用。這和當地流傳的一則故事有關：

> 傳說，五世達賴喇嘛每次出來都會裝扮成乞丐和浪人模樣。有次他從雲南大理、德欽等地朝山拜佛回西藏。路過門空時，先在一戶有錢人卓瑪家住了幾個月，也沒有人認出他是五世達賴，期間主人讓他做苦力，砍柴、放羊、揉牛皮……後來，他感到這家人對他不好，又去瓦渣家打工，家族頭人長安國起初也是讓他去放羊。有一次，長安國無意中發現了他穿著黃色絲布做的內衣，經常在外地做生意的長安國非常機靈，按照當時的情況，料想此人絕非普通人。但長安國卻不動聲色，等五世達賴要離開時，送了他很多東西，大部分被五世達賴拒絕了，只要了一袋糌粑，以便在路上吃。五世達賴回到拉薩，糌粑也吃到底了，發現袋子底部還裝有很多條金塊，五世達賴知道是長安國送的，非常感動。有次門空的人趕馬去拉薩做生意，見

到五世達賴喇嘛。五世達賴喇嘛讓他回去轉告長安國，讓他到
拉薩見五世達賴喇嘛。長安國得到信息後，心裏很恐慌，不知
道是福是禍，但不敢不去見。當他來到拉薩見到五世達賴時，
感覺和以前在他家打工的流浪者長得很像，但又不敢確認。五
世達賴問明他的家庭住地及身份，告訴了他以前在他家做工的
是自己。為了感謝他的幫忙，贈送給他一塊「格西格德」印
書——相當於聖旨和護身符，五世達賴喇嘛還賜封了他很多土
地，並要求他把達吉寺重修以擴大規模。長安國回去後，重修
了達吉寺。從此，該寺香火更加鼎盛，出家人數達200至300
人，下面還管轄有13個屬廟，喇嘛每年巡邏各地的廟，收到
很多香火錢。寺廟的法器從格德、德欽等地送來。[14]

　　察瓦龍東南部的卡瓦格博是藏族群眾及佛教徒心目中的聖地和神
山，信徒轉經必須經過察瓦龍境域，這也就是說五世達賴喇嘛出現在
門空村並非偶然。而機靈的長安國受到了五世達賴喇嘛的賞識，使他
獲得了在地方政治經濟方面的利益和社會聲威。這具體表現在，「免
繳藏政府攤派的一切貢賦、稅款。外出經商或朝山拜佛時，只要出示
此詔書，即有權向當地攤派糧食、柴草、民夫，並提供交通方便
等」；同時「地方官員或商旅路過門空村時，均須下馬步行，表示對
長安國的尊敬」。[15]當地流傳的這則故事，表達了瓦渣家族權獲得的途
徑和合法性。在西藏地方的政教歷史中，五世達賴喇嘛阿旺羅桑嘉措
是一個重要的人物。17世紀30年代末，五世達賴喇嘛引進青海蒙古

---

14 2011年9月4日縈那村田野調查資料（報導人貢布多吉，中國政法大學在讀碩士研究
　　生）。這個故事也在楊毓驤所著的《伯舒拉嶺雪線下的民族》一書（見第58-59頁）
　　中提到。

15 楊毓驤：《伯舒拉嶺雪線下的民族》（昆明市：雲南大學出版社，2000年），頁59。

固始汗的力量，打敗了噶瑪噶舉派第巴藏巴汗勢力，建立「甘丹頗章」地方政權。雖然西藏地方實際掌權的是固始汗，但蒙古人信奉佛教和推崇格魯派，使五世達賴喇嘛獲得政治經濟上的支持，在西藏境內得以大力發展格魯派寺院勢力；同時，五世達賴喇嘛也獲得了部分賜封土地權，最重要的是他成為首位上京受朝廷冊封的達賴喇嘛：1655 年五世達賴喇嘛訪京途中，獲得清朝順治帝冊封金印——「西天大善自在佛所領天下釋教普通瓦赤喇怛喇達賴喇嘛」。自此，清政府正式確認了達賴喇嘛在蒙藏地區的宗教領袖地位。[16]而五世達賴喇嘛對擴展格魯派的勢力不遺餘力，在分封各類領主領地的同時，確保地方政府官員和貴族尊信格魯派。[17]五世達賴喇嘛的這些努力，為日後實施政教合一制度奠定了基礎。也就是說，像察瓦龍這樣偏遠之地，地方富戶代表長安國獲得五世達賴喇嘛的賜封，以及擴建達吉寺，也是契合了格魯派勢力發展的需要。

從以上材料來看，察瓦龍和地方政權中心（拉薩）以及統治者通過傳說聯繫起來。在清代，這種聯繫更加明晰化。一方面，門空長安國從五世達賴喇嘛那裏獲得了世俗權利，與地方的喇嘛寺有著密切關係。另外，我們在察瓦龍還聽到了長安國與卡瓦格博神山的故事。這個故事和轉經有關：

> 長安國是察瓦龍地區最大的土司。在他出生之前，他的母親去轉經（卡瓦格博），到一個叫樟樹桶的地方休息。那天她覺得非常困，很快就睡過去了，並做了個夢，夢見卡瓦格博（梅裏

---

16 參見陳慶英、高淑芬主編：《西藏通史》（鄭州市：中州古籍出版社，2003年），頁 329。

17 參見多傑才旦主編：《西藏封建農奴制社會形態》（北京市：中國藏學出版社，1995年），頁64。

雪山神）的兒子。回去以後，她不久就懷孕了，10 個月後生下了一個男嬰，這就是長安國。下次轉經時，她又到樟樹桶休息喝茶，遠遠看見一匹馬馱著兩袋糧食朝她休息的方向走來；再細看，那匹馬變成了鹿子，快到身邊時候，忽然一陣風，鹿子不見了，只留下兩袋東西；長安國母親一看袋子，發現其中一袋裝的是金子，另一袋裝的是銀子。人們說這是卡瓦格博山神贈給兒子的財寶。長安國成年後，娶了很多老婆都未能給他生個兒女。後來，他找喇嘛占卜，喇嘛告訴長安國得找一位有文面的女子做妻子。只有獨龍族姑娘是文面的，這樣長安國就娶了獨龍族姑娘。過了幾年，他們生了很多兒女。[18]

卡瓦格博是藏族人心目中眾神山之首，在轉經的路上，昌西村的喇嘛廟裏供奉著騎著白馬的戰神像，即是卡瓦格博山神。長安國的出生與地方最大的保護神相關，這表明了其身份的神聖性。這樣一來，在察瓦龍地區，長安國通過五世達賴喇嘛與卡瓦格博山神的關係，強調了他政治社會地位獲得的合法性和權威性。長安國家族本來是經商的，在獲得五世達賴喇嘛賜封後，他有權徵收寺廟香火錢及其它賦稅；同時，他建立了地方權威，成為察瓦龍地區最有權勢的大戶，並不斷向南部擴展勢力。

18 世紀，清朝政府出兵西藏平定內亂，解除了來自北邊游牧部落準噶爾人的威脅。與此同時，朝廷一方面設立駐藏大臣制，讓七世達賴喇嘛參與政教，建立由這兩者共同領導的噶廈地方政府；另一方面清朝皇帝冊封了昌都地區（康區）的呼圖克圖（大活佛），讓其管理地方政務並直接向中央政府納貢。這樣的舉措便加強了中央對西藏

---

18 2011年8月28日紫那村的訪談資料（報導人達旺，縣交通局退休幹部）。

的管理和施政。雍正初年，為了扶持黃教和達賴喇嘛，雍正皇帝將桑昂曲宗和康區的貢覺、左貢以及洛隆等地作為香火地封贈給達賴喇嘛。[19]察瓦龍地區屬於桑昂曲宗，宗相當於縣府，設僧俗兩人為宗本，宗本下設協傲。桑昂曲宗由西藏地方噶廈政府直接管轄，由噶廈委任宗本和協傲負責徵收徭役。宗本和協傲任期3年。在察瓦龍地區設有協傲，像瓦渣、瓦宗等富戶和領主是最初受委任的協傲；但他們憑藉在地方政教事務上的影響力，長期把持著協傲的人選，控制著察瓦龍地方社會。察瓦龍協傲和喇嘛寺的統治勢力所達之地，南部與維西土司境地相接壤，曾在維西禾娘土司手中取得怒江上游和獨龍江地區的稅收權；東北部管轄日東、德魯（今屬緬甸）一帶。[20]

也就是說，維西土司禾娘的勢力向怒江西岸開拓，進行徵稅管理；同時，北部察瓦龍地區也有了地方權力機構——藏族領主（協傲）和喇嘛寺（達吉寺）。這樣，來自藏族土司的力量與維西土司的力量就在怒江上游交鋒了。根據20世紀50年代末的調查資料，在獨龍江地區的報導人稱：

> 清代阿濟植母統治時期，察瓦龍藏族土司「墨朗奎得利」的強大勢力伸展到獨龍江地區，強迫當地人民繳納捐稅，並把獨龍族人看作自己的臣民，把獨龍江當成了私有的地盤任意徵稅盤剝。[21]

---

19 參見多傑才旦主編：《西藏封建農奴制社會形態》（北京市：中國藏學出版社，1995年），頁69。

20 參見楊毓驤：《伯舒拉嶺雪線下的民族》（昆明市：雲南大學出版社，2000年），頁56。

21 雲南省編輯組編：《獨龍族社會歷史調查》（二）（昆明市：雲南民族出版社，1985年），頁80。

　　材料中說的「阿濟植母」指的是維西土司禾娘，那麼察瓦龍藏族領主如何從禾娘的領土上得到稅收權呢？地方文獻沒有記載具體的事件和過程，但有幾則相關的傳說：

> 從前獨龍江與怒江都為木氏土司管轄，後來是歸葉枝土司管理。在女土司阿吉・吉母統治時，她的兒子病了，請奔卜喇嘛來醫。言明醫好送獨龍江與怒江收稅作香火費，但無效而死。喇嘛卻說，天上要他，他的命就這麼長。阿吉・吉母不服，奔卜喇嘛便把楚巴掛在太陽上，遮住了太陽。從此阿吉・吉母服了他，將此區域贈給喇嘛寺。這是獨龍江與怒江上游由喇嘛寺統治來由的傳說。當時喇嘛說不知在何處，阿吉便告訴他說在太陽落的地方，從此即歸他來統治，區域是由一村北部至今日四村北部的斯拉旺。[22]

　　據民國學者楊征東的記錄，禾娘修建喇嘛寺也是因為丈夫和兒子病逝：

> 約雍正年間，康普葉枝禾土千總死，子幼，由其妻禾娘執政，其子成人後亦不壽，禾娘媳禾志明也孀居。禾志明是一位勇敢的女將。以後婆媳二人曾去德格朝見紅教喇嘛四寶法王。法王使禾娘見其夫在地獄受苦狀，甚不安，詢法王如何方可使其升入天堂。法王謂須捐建喇嘛寺若干所，禾從其言，捐產建寺 5 所：康普壽國寺、喇普達摩寺、縣城蘭經寺、羅吉吉喇嘛寺

---

22 雲南省編輯組編：《獨龍族社會歷史調查》（二）（昆明市：雲南民族出版社，1985年），頁17-18。

（太平院）、貢山普化寺。[23]

　　表面上看，怒江北部和獨龍江村落歸察瓦龍領主控制，是由於禾娘被喇嘛的法術征服了，加之兒子和丈夫遭遇不幸，不得不拿出一部分領地的捐稅作為超度他們的費用。禾娘乃至木氏土司信仰藏傳佛教，禾娘和媳婦禾志明捐錢捐地，建了 5 所寺廟，晚年，禾娘被貶職後削髮入寺修行，因此禾娘將她的領地轉贈給察瓦龍喇嘛寺，不乏宗教的因素。另外，由於維西土司署在瀾滄江東岸，需要翻越碧羅雪山和怒江才能到達怒江北部和獨龍江流域。而維西土司在這些領地的控制實際上很薄弱，只依靠地方頭人維持管理和徵稅。相較於維西，貢山與察瓦龍接壤，藏族領主進入獨龍江和貢山北部的丙中洛不會有多大的阻礙。文獻記載獨龍族人先民為「撬」、「曲子」，這從語言學上可以證明，北部藏族人與獨龍族人開始接觸的時間比較久遠。也就是說，位於怒江西北岸的藏族人先於納西族人接觸到怒族和獨龍族人，但是由於明代木氏土司的政治軍事實力強大，藏族人還無法撼動納西族土司的地位。到了清代實行改土歸流，木氏土司勢力衰落，維西納西族土司對於相對偏遠的怒江西北岸，只能依靠委任地方頭人管制。實際上，這一地帶無論是藏族領主還是維西土司都沒有完全控制的實力。後來，禾娘感覺到來自北方藏族人的威脅，在丙中洛捐建了喇嘛寺，即普化寺，寺裏的大喇嘛是藍秋活佛，屬於紅教的嘎瑪噶舉派。據普化寺的負責人介紹，20 世紀 50 年代前普化寺在怒江北部、獨龍江等地負責收稅，解決村民糾紛。[24]又據《徵集菖蒲桶沿邊志》記載：

---

23 楊征東：〈德欽日記〉，《邊疆文化》（鶴慶）1943年。

24 2011年8月30日訪談資料。現在重修的普化寺位於丙中洛重丁村，寺廟負責人噶瑪龍渡江出介紹了寺院的歷史。丙中洛舊稱「甲菖蒲桶」，「甲」是怒族之意，「菖蒲桶」意為上萬僧人居住的寺廟。

菖屬一區菖蒲地方有新舊寺院兩所。舊寺在丙中洛，道光中葉由喇嘛都拱創修；新寺在菖蒲桶，於光緒十三年由喃穹大喇嘛修建，內供釋迦土偶像，尊尚紅教。現有大小喇嘛二十七人，均各有家室，不住寺內；其管理寺者，係喇嘛管事夷人，小喇嘛四人；掌教者係維西葉枝何姓大喇嘛，現在維西壽國寺代務。建寺原因，純係土司意。[25]

　　禾娘捐建的菖蒲桶（丙中洛）喇嘛寺屬於紅教，是康普壽國寺的支屬，實際上由維西土司掌控。菖蒲桶喇嘛寺作為一支政治勢力，既可以與察瓦龍喇嘛寺（黃教）相抗衡，還可以代維西土司管理地方事務。菖蒲桶較早居住的是被稱為「怒子」的群體，喇嘛寺修建後，從德欽等地遷來大批藏族人，隨後納西族人、漢族人也過來了，他們開墾水田、做藥材生意以維持生計。這樣，在怒江北部、中緬邊界的獨龍江河谷的獨龍族人、怒人，不僅要向維西土司和菖蒲桶喇嘛寺納稅，還要向察瓦龍領主和喇嘛寺繳納香火錢和承擔徭役。當地的傳說，又體現了維西土司與察瓦龍領主之間的某種協議，即怒江北部和獨龍江上段歸察瓦龍管理和收稅，南部地區及更偏遠的西部由維西土司控制和管理，表現了複雜的交錯關係。

（三）傈僳人的介入

　　傈僳族屬於藏緬語族，歷史上傈僳族人在漢藏邊緣處（藏彝走廊）不斷遷徙和流動。作為一種族稱，傈僳最早見於唐代樊綽《雲南志》卷四「名類」第四：「栗粟兩姓蠻，雷蠻、夢蠻皆在茫[26]部」。15

---

25 《徵集菖蒲桶沿邊志》，怒江州志辦公室編《怒江舊志》，1998年刊印，頁141。
26 「茫」應為「邛」，唐代烏蠻種族，居於今四川涼山越西一帶。

至 16 世紀中葉，麗江納西族木氏家族崛起，受朝廷冊封為土司，納西族周圍的傈僳族人和其它族群受其統治和奴役。這時期的傈僳族人一部分不受管束，以刀耕火種兼狩獵、採集為生計，居無定所，流動性比較大；另一部分人依附於納西族土司，過著定居生活，受制於木氏土司。隨著木氏土司與藏族貴族爭奪滇西北的控制權，如中甸、維西、德欽、寧蒗等地的領土和人口，大批傈僳族人參與了這一場持續80 餘年的戰爭。為了逃避戰爭之苦，一部分傈僳族人在首領括木必的率領下，於明嘉靖二十七年至二十八年（1548-1549 年）逃離了家園。遷徙的方向是從東到西，即從金沙江往西走，遷居到瀾滄江兩岸的維西、蘭坪等地；一些人繼續西遷，「渡過瀾滄江，翻越碧羅雪山，進入怒江」[27]。按照王恒傑的分析，在今天金沙江以北的中甸、德欽及維西西北的居民主要為藏族，東南部則主要為傈僳族、納西族。這一民族分佈格局，到 10 世紀以後就已經形成了。[28]由於經濟和戰爭的原因，滇西北各族群的居住格局處於動態發展的過程中，這也推動了不同族群之間的衝突和融合。

19 世紀初，在維西土司統治下的傈僳族人恒乍繃發動了反抗土司統治的起義，殺了納西族土司的人，提出田地「大家分種」的口號[29]，引來官兵圍剿。結果，一些首領被官兵殺害，大部分傈僳族人遷徙到怒江西岸以尋求新的生存空間，有的還遠遷到緬北密支那一帶。這些從東部逃難來的傈僳族人，主要分佈在今天怒江州的知子羅、上帕（今福貢）等地，與當地土著如「盧蠻」融合為新的群體[30]，族

27 斯陸益：《傈僳族文化大觀》（昆明市：雲南民族出版社，1999年），頁6。

28 參見王恒傑：《迪慶藏族社會史》（北京市：中國藏學出版社1995年），頁44。

29 參見馬曜主編：《雲南簡史》（昆明市：雲南人民出版社，1983年），頁177。

30 參見高志英：〈唐至清代傈僳族、怒族流變歷史研究〉，《學術探索》2004年第8期，頁98-102。

稱仍為「傈僳」。隨著群體人口的不斷增多，傈僳族很快成為怒江中上游地區比較強勢的族群。除了人口多的因素外，從地方文獻的記載中可以發現，強悍的民族性格也是其成為強酋的條件。

　　乾隆年間《麗江府志略種人》記載：「傈僳……性兇暴，嗜酒，一語不同，即持刀相向，俗好仇殺。」[31]又見餘慶遠《維西見聞紀》曰：「傈僳，近城四山、康普、弓籠、奔子欄皆有之。……性剛狠嗜殺，然麼些頭目、土官能治之，年奉頭目麥、黍共五升，新春必率而拜焉。」[32]這些官府和漢人描述的傈僳人，實際上是有內部差異性的：一類是不受官府和土司統治的自成體系的部落，一類是接受土司和官府統治並每年向其納貢繳稅的部落。其中，前者常與官府對抗，同時搶擄比他弱小的族群為奴。例如，民國二十年（1931 年）編纂的《纂修雲南上帕沿邊志》記載：

> 上帕僻處滇邊，居怒江上游，為西北屏障，人種原為「怒子」，後漸始有「傈僳」，由滄江、六庫一帶移來，雜居其間，名雖歸麗江府管轄，其實則怒傈自成部落，亦無土司統屬。……故怒、傈僳極為自由，常隨時聚集數十人，往滄江、俅江兩處，任意滋擾。滄江一帶，則肆意勒贖，漢人畏如虎狼，勿敢深入。[33]

　　在這種「強者為酋，弱者為僕」的族群社會結構中，勢力弱小的俅子等成為被欺壓的對象。一些奴隸主還勾結內地逃犯、匪徒搶劫怒

---

31 轉引自高國祥編：《中國西南文獻叢書》（第1輯）（蘭州市：蘭州大學出版社，2003年），頁183。

32 〔清〕餘慶遠：《維西見聞紀》，方國瑜主編，徐文德、木芹、鄭志惠纂錄校訂：《雲南史料叢刊》（第十二卷）（昆明市：雲南大學出版社，2001年），頁64-65。

33 《纂修雲南上帕沿邊志》，怒江州志辦公室編：《怒江舊志》，1998年刊印，頁55。

俅子民的財產，或者把弱小者搶去賣給北部藏族領主為奴。「怒人受不了就紛紛往北遷，或跑到高黎貢山西面。俅人則大部分遷入坎底平原和俅江（即恩梅開江）流域。」[34]

除了強悍的性格和人口眾多外，傈僳族能成為怒江上、中游的一個強勢群體，還與這一片區域的政治環境有關。如上所述，怒江西岸雖然屬於麗江府管轄和維西土司統屬，但沒有設立管治機構，一年之中很少有官員深入其地巡查，多數時候依靠村落頭人維持社會秩序。同時，北邊的察瓦龍藏族勢力不斷南下，與維西土司勢力相互制衡，但誰也沒有實力征服對方。而傈僳族力量的出現，使怒江上半游的政治格局變得更加複雜。隨著人口的增多和勢力的強大，傈僳族的力量開始滲入怒江北部，進入貢山地區，難免與來自北方的察瓦龍藏族發生衝突。在丙中洛，至今還流傳著傈僳族人與藏族人爭奪土地的故事。而在獨龍江，兩者搶奪、控制地方之爭變得更加激烈和複雜。換言之，清代鬆散的邊疆管治，為其它政治力量的存在和發展提供了生存空間。怒族的情況也比較複雜，福貢、蘭坪一帶的怒族和傈僳族接觸比較多，且互相交融，而貢山北部丙中洛一帶的怒族人則與獨龍江的獨龍族人在人種、語言和文化習俗上比較接近，在上述的族群關係歷史脈絡中，他們往往處於族群權力結構中的最底層。正如法國學者施蒂恩所言：「怒和俅子的周圍有多少近鄰，就有多少統治者。」[35]但是，這些統治者之間亦存在著複雜的互動關係：既有族群融合的一面，也有政治統屬關係，在不同歷史時期，表現出不同文化、政治、經濟的多層次多維度的族群關係。

---

34 雲南省編輯組：《中央訪談團第二分團雲南民族情況彙集》（上）（昆明市雲南民族出版社，1986年），頁12。

35 〔法〕施蒂恩‧格羅斯著，尼瑪紮西、彭文斌、劉源譯：《19至20世紀滇西北鹽、牛及奴隸的交換與政治》，羅布江村主編：《康藏研究新思路：文化、歷史與經濟發展》（北京市：民族出版社，2008年），頁107-115。

二　獨龍族人與周邊族群的政治關係

　　元代的《元一統志》提到了麗江路有「八蠻」，即「曰磨些、曰白、曰羅落、曰冬悶、曰峨昌、曰撬、曰吐蕃、曰盧，參錯而居」；「磨些、白、羅落、冬悶，在麗江之東部多有之，而峨昌、撬、吐蕃、盧，則多在西部，吐蕃及撬在西部之北，峨昌在西部之南，盧則西部之南北多有之」。方國瑜考證「撬」為獨龍族先民，「盧」為傈僳族。[36]但是，這些提到的族稱不能與今天的民族相等同，他們「參錯而居」，在漫長的歷史過程中，不斷互動、接觸而交融，或者排斥與衝突而形成新的族群。後來的研究也印證了這一事實。例如，高志英從民族史過程論證了「盧」與傈僳相交融，分化成新的傈僳族和怒族。[37]「撬」本身也在和因其它群體擠壓、逃避戰禍而遷徙來的人群共同生活在獨龍江流域，且相互交融和整合。作為一個族群單位，俅人與一定文化特徵、生活方式和地理區域相聯繫而被官方文獻記載和認知，則始於清代。《清職貢圖》記載：

　　　　俅人，居瀾滄江大雪山外，係鶴慶、麗江西域外野夷。其居處結草為廬，或以樹皮覆之。男子披髮，著麻布短衣褲，跣足。婦耳綴銅環，衣亦麻布。種黍稷……性柔懦，不通內地語言，無貢賦。更有居山岩中者，衣木葉，茹毛飲血，宛然太古之民。俅人與怒人接壤，畏之不敢越界。[38]

36　參見方國瑜：《中國西南歷史地理考釋》（下）（北京市：中華書局，1987年），頁846。

37　參見高志英：〈唐至清代傈僳族、怒族流變歷史研究〉，《學術探索》2004年第8期，頁98-102。

38　轉引自《雲南通志》（卷一百八十五），清代道光十五年（1835年）刻本。

　　這是官方較早記錄的關於獨龍族人社會風俗的文獻。從內容上看，當時的獨龍族人還未被麗江府統治，生活狀況如野人，被視為太古之民，並且和怒人相鄰。怒人和俅人居住在不同的江河流域，但如前面所言，由於缺少足夠的生活物資，俅人需要與外界群體接觸和交換貿易，兩個群體間彼此相鄰、互相來往。道光年間的《雲南通志》記載：「俅人，近知務耕織，常為怒人傭工。」這和獨龍族人遷徙的傳說是相符合的。有一部分獨龍族人最初居住在怒江北部山區，或者說他們就是怒人的一部分，他們因為出獵到了獨龍江而定居下來。滇西北的山地民族都有刀耕火種的農業種植歷史。例如，獨龍族人先是狩獵與採集，後引入輪歇耕作技術，這與當地生態環境相適應，從而成為新的生存策略；怒人和俅人都有織布技術，俅人身穿的衣物和睡被，皆是織成的毯子。從我們在獨龍江訪談的信息來看，當地的織布技術是從怒族人那裏學來的。不過，從族群遷徙互動歷史過程來看，也有可能是原來居住在怒江北部的人遷徙到獨龍江後，將耕織技術傳給了周圍的人。獨龍族與貢山北部的怒族之間的親緣關係，早已有學者從民族史、體質人類學等多角度論證而達成共識。換言之，早期族群互動關係中，俅人與怒人因地緣、族源關係，相互接觸和互動比較多；但由於居住在俅江地區的俅人在耕織等生產技術上落後於怒人，於是在生產關係中成為怒人的雇工，社會地位比怒人低。

　　怒、俅的關係還反映在與維西納西土司的聯繫上。怒江西岸北部地方納入維西土司勢力範圍之後，土司委任怒族頭人（能事者）為俅管，深入俅江向俅人徵稅。例如，《纂修雲南上帕沿邊志》記載：

　　　所謂怒子管俅子，迄今尚相傳以為口實也。亦不知有俅江（曲子），嗣因怒子往高黎貢山獵獸，見路旁置網獲獐，無人看守，輾轉尋視，必有置網者，遂坐以待。候至日晡，有人自山

西趨來取獐，始知山西有「曲子」焉。達竹人得聞，即今滄江德溪人臘戛那、木既朵、洽也洽（即和戛禾），分上下兩路，各率怒子探進俅江之拉打閣地方，相議會於岔路口，並栽胡桃樹一株為標誌樹。樹北歸臘戛那管，樹南歸和戛禾管，每年有怒子之能事者到俅江徵收門戶送解。其子孫世代相沿，至清末照舊徵收。[39]

怒子在雍正八年（1730 年）因不堪傈僳族侵淩之苦，主動向維西廳納貢，請求歸附。怒子在向高黎貢山西部出獵時，發現了俅子的存在，於是報告給了維西土司；幾個維西土司帶著怒子深入到俅子地，並劃分不同區域管轄，每年命怒子能事者（諸如頭人）徵收門戶送解。在福貢怒族地區，流傳著怒族人管理獨龍族人的說法。具體如下：

很早以前，怒族有兩個祖先名叫攝拉撒和戛幹鳴。有一次，他們翻越高黎貢山去打獵，到達喜多瓦米地方（俅江的一個地方），在江上看到了由江水沖下來的竹筒蓋子，斷定上游有人居住，便溯江上行，找到了俅江獨龍族頭人戛幹當和加拉宜兩人。他們就和獨龍族頭人打賭比賽，比誰的鹽巴、生薑、鍋及燒柴多，誰比輸了，就被管理和統治。結果，獨龍族頭人輸了，怒族便要管理他們，但獨龍族人不答應。於是，攝拉撒和戛幹鳴便回村搬救兵，要與獨龍族打仗。他們帶了三四十人，取道高黎貢山之西，因山陡缺糧，不能前進。後來，攝拉撒和戛幹鳴想了一個計策，分怒人每 3 人為一組，各燒起一把火，

---

39 《纂修雲南上帕沿邊志》，怒江州志辦公室編：《怒江舊志》，1998年刊印，頁55。

並把箭矢射在樹干上，便折回福貢。攝拉撒和戛幹鳴只帶領數名怒人去找獨龍族頭人戛幹當和加拉宜，叫他們看看燃燒著的火把和樹干上密密的箭矢，虛張聲勢，以示怒族人多勢眾，促其投降。獨龍族頭人看了以後，信以為真，十分害怕，就認輸投降，接受了怒族的統治。據說當時怒族共管轄了獨龍族內部的「勒伯」、「博才」、「力幫」、「櫃咱」、「阿力門作」、「腮阿娃」、「教娃」、「力娃」共8個氏族。獨龍族居民分佈到哪裏，管轄權也伸展到那裏。當時管轄的地區有「托門」、「扒臘那莫」、「體裏王各」、「阿貢瞎王」、「擴勞輔」、「勒墨孕」、「羅臘莫漢」、「赤察」共8個地區。每年怒族都要到獨龍族那裏收納黃蠟、黃連、米肉一次，直到路阿奪（福貢二區區長）、副祿（福貢縣司法科科長）這一代人之前，怒族管轄獨龍族約5代之久。[40]

　　和其它統治者與被統治者的關係不同的是，來自福貢地區的信息表明怒族俅管和俅民的關係沒有那麼緊張。如上所述，他們之間的地緣、親緣關係比其它族群近。如同獨龍族人選頭人一樣，能力強、智慧超群者來當「卡夏」，只是怒族人當獨龍族人的頭人還得到上級管理者維西土司的任命。俅子從俅管那裏獲得鹽巴和牛羊等生活物資，俅管收的稅也僅是一些手工產品如背籮、背繩和蜂蠟等少量土特產品，怒俅雙方「互相往來均以禮相待，沒有等級森嚴的主僕關係」。[41]
　　維西土司沒有在獨龍江設置基層權力機構，因而在清代的政治關

---

40 《民族問題五種叢書》，云南省編輯委員會編：《怒族社會歷史調查》（一），（昆明市，雲南人民出版社，1981年），頁111。

41 參見路阿奪口述，胡正生整理：《尼拉三家族「俅管」史略》，《怒江文史資料選輯》1987年第8輯，頁24-28。

係中，納西族人和獨龍族人之間沒有直接的接觸，他們之間通過俅管或菖蒲桶喇嘛寺而發生聯繫。一些怒族頭人成為放貸的中間人，他們從維西土司那裏拿到砂鹽和布匹，到高黎貢山以西的俅馬地放貸。乾隆時雲貴總督碩色瞭解到土司的放債行為，寫了奏摺送到朝廷。該奏摺言明，在維西自雍正九年（1731 年）改土歸流以來，女土千總禾娘、禾志明和頭人王芬等人仍然遵循著舊的制度，每年派人到怒江各寨收山租；每到過年節時，要怒族、傈僳族頭人，攜帶砂鹽、布貨，赴「外域野夷俅馬地方放賬，折售黃連未償還者，即準折人口子女帶回康普，或抵給土弁頭人作額規。殊屬藐法，今該女頭弁，自首交出俅夷男婦十八名口，情願出資送還」。在砂鹽、布貨與藥材貿易中，出現了人口交易，弱小的俅子成為任人欺凌的群體，在這個過程中，俅管怒族頭人充當了協從和幫手。朝廷雖然將俅子和俅江流域視為野夷和外域，但對維西土司「準折人口」的做法進行了嚴肅處理，起到「以肅邊境」的作用。朝廷對維西土司的具體處理情況如下：

> 應如該司等所議，除女土千總禾娘已故，禾志明係新出首且年逾七十應免置議外，頭人王芬、王芝、禾品、王永錫，保長和為貴、催頭和可清與和志宏等各伽號一個月，滿日 40 板並役，另令一誠實之人承充。其放債準折之怒子、傈僳姑免深求。康普土千總名缺，永遠裁革。所有維西怒江兩岸一百一十一村寨，麗江府怒江兩岸五十八村寨，各俟設有頭人，均責令維西通判及麗江府約束拊循，時加稽查，勿許怒夷再行越境放債、準折人口。倘再違犯，即照紅苗越境搶奪例治罪；該管地方官照失察例一併議處。仍將私越關津即紅苗越境搶奪、重利放債、準折人口等例摘錄，簡明告示，翻譯夷字遍行曉諭，俾知深畏遵守。其康普怒子準折帶回俅夷男婦五十八名，麗江怒

子準折男婦七十二名，應令維西通判及麗江府慎選妥役、頭人、通事，於本年夏暑雪消之後，伴送回籍。一切衣食路費均於禾志明、王芬、和為貴等名下追出，按名實給、伴送啟程回籍，交與俅地頭子詰各親屬承領團聚，取具木刻通報立案。[42]

這說明在雍正年間，維西土司權還很大。但是，到了乾隆時期，從朝廷介入邊地土司的「放債」、「準折人口」事件來看，清朝政府一方面進一步削弱了土司的職權，另一方面趁此加強了邊疆管治力度。朝廷直接設立怒江兩岸村寨頭人，由維西通判及麗江府管轄。包括前面提到的（道光）《清職貢圖》和這裏的材料均透露出清朝政府將俅夷地稱為「外域」、將俅人稱為「野夷」，說明這一時期朝廷仍然將俅夷地區視為化外之地，只是由被朝廷削去權勢的納西族土司派代理人到俅夷地放貸砂鹽和收取山貨作為貢物。從怒子主動納貢求附後，朝廷認為「至怒子久居化外，向不輸納錢糧，前因感激皇仁，歲貢土產，實出輸誠向化之忱，與內地任土作貢者迥不相同」[43]。但是，對怒江兩岸地區而言，朝廷的勢力畢竟有限，鞭長莫及，舊勢力土司的影響力仍然發揮著作用。不過，這恰恰維持了朝廷對邊疆如俅夷地的控制。

相對於怒人和俅人，傈僳人較晚遷入貢山。整體上看，傈僳人主要分佈在獨龍江東南部的福貢、六庫等地，中間有高黎貢山阻隔。但正如民國嚴德一所言，黎蘇（即傈僳）最富「冒險精神」，他們遠到察瓦龍高寒之地，採集蟲草、貝母、黃連等珍貴藥材，或者越過高黎

---

42 《中國第一歷史檔案館藏軍機處民族類139號檔案》，李汝春主編：《唐至清代有關維西史料輯錄》，維西傈僳族自治縣編委會1992年刊印，頁274。

43 轉引自李汝春主編：《唐至清代有關維西史料輯錄》，維西傈僳族自治縣編委會1992年刊印，頁277。

貢山而西，到中緬未定界內拉達閣一帶採掘金礦。[44]具有冒險精神和
彪悍性格的傈僳人，對於獨龍族人來說是強盜和掠奪者，他們被稱為
「郭拉」，而傈僳人稱獨龍族人為「俅扒」。前面的稱呼現在沒有了，
但是後面的稱呼還在民間使用。獨龍江南部的村民受傈僳人侵擾最
重。傈僳人有的進來搶劫，有的來做買賣，行為非常霸道。如果有傈
僳人病死或被打死，他們就糾集族人到出事的村子裏搶劫燒殺，年年
都這樣，從沒有停息，直到有頭人出來講和，承認傈僳頭人為自己的
主人，願意每年繳納錢糧給死者家族，以償人命。這就是所謂「骨屍
錢糧」[45]，獨龍族人所欠的人命債，每到青包穀成熟之時，整寨子家
家戶戶都要上交一包黃連或者一張麂子皮給傈僳人死者家屬。這種
「屍骨錢糧」稅要維持數代，直至獨龍族人變得強大或者收稅的傈僳
人家族衰落了，或者有其它勢力介入才會終止。這種類似家族仇殺的
糾紛，有時會有土司的人或者喇嘛寺來調解，但多數時候土司無法約
束傈僳人的行為。同時，作為一種強勢力量，一方面，傈僳頭人跟納
西族土司、察瓦龍藏族領主之間存在著競爭關係；另一方面，傈僳頭
人又是維西土司委任的俅管，替其收稅和管理村民。傈僳頭人（即蓄
奴主）跟察瓦龍領主之間既有對抗，也有合作。他們互相爭奪地盤和
人口以增加稅收，這是對抗性的一面；另外，搶擄人口為奴所帶來的
利益又使得雙方合作有了可能性，如傈僳蓄奴主將搶劫來的人口賣給
藏族領主為農奴。

　　獨龍江北部連接著西藏察瓦龍，18世紀，察瓦龍藏族領主從納
西族土司禾娘家族中取得了獨龍江上段地區的稅收權。察瓦龍藏族領
主將獨龍江兩岸的土地和獨龍族人視為他的領土和子民，其管轄的地

---

44 參見嚴德一〈中印公路之經濟地理〉，《邊政公論》1947年第6卷第2期。

45 〔清〕夏瑚：《怒俅邊隘詳情》，方國瑜主編，徐文德、木芹、鄭志惠纂錄校訂：
　　《雲南史料叢刊》（第十二卷）（昆明市：雲南大學出版社，1999年），頁149。

段包括南部斯拉洛（今巴坡和孔當交界）以上的村落和土地。有關察瓦龍領主在獨龍江的管轄範圍，當地有一個傳說：

> 起初，察瓦龍連布管轄的範圍延伸到木克甘（今屬於緬甸國），後來連布的管家下到各村收稅。他們來到南部村落，在江邊大石頭上坐下來休息。突然從江裏面冒出來一個像狗一樣的怪物，並迅速殺死了兩個察瓦龍連布的兵，嚇得管家再不敢下到南部收稅了。察瓦龍連布覺得下面不安全，他的管轄範圍劃到斯拉洛，往南的村落和人就不再收稅和管理了。[46]

此傳說解釋了藏族人為什麼不去南邊的村落收稅，以及所劃定領土界線與怪物有關，但它抹去了現實中察瓦龍藏族人同維西土司、傈僳族蓄奴主，以及後來與貢山設治局爭奪獨龍江控制權的激烈和複雜性。藏族領主將他的領地重新劃分為 9 個村 26 個寨，每村設夥頭 2 人，為其管理村民、收集稅物，頭人本身也要納稅。頭人還要負責接待收稅官，並安排村民揹運稅物到察瓦龍領主家裏。獨龍族人把藏族領主和收稅的人稱之為「連布」，具體負責徵稅的連布住在察瓦龍南部的紮恩村裏。現在，紮恩村還保留著最後一任連布布楚和貢米多吉的老房子。連布和他的管家只能在雨季開山期間進入獨龍江，通常是一年來兩次：一次是開山之初進來放貸砂鹽，即將鹽巴攤派給各戶，規定秋後抵付黃連、貝母和竹製編織品；一次是接近封山時進來，一面收鹽債，一面收貢稅。所交貢物，包括每戶黃連 4 包、麂子皮 1 張、麻布 5 床、刀子 1 把。[47]每個連布所收的稅物數量可能有些差

---

46 2012年7月4日迪政當村訪談資料（曾國良口述，其子陳永華翻譯）。

47 參見雲南省編輯組編：《獨龍族社會歷史調查》（二）（昆明市：雲南民族出版社，1985年），頁19。

別，但他們都會盡可能提高稅收額度以增加自己的財富。

迪政當河谷位於獨龍江的上游，這裏直接與察瓦龍藏族聚居區接壤。連布和管家從紮恩翻山過來收稅，把迪政當村作為他們的據點。連佈在收稅之前，先送木刻通知各村寨的頭人，要村民們準備好貢物以及招待他們的食物。村裏很多老人仍然記得舊時連布收稅、交換鹽物的情形。冷木當村 90 歲的文面老人格萊本，原屬於根仁氏族，從熊當村嫁到冷木當村。據她回憶：

> 連布每次過來之前，都要派人送木刻給我們的卡夏（頭人），木刻上刻著繳納貢物的時間和地點。卡夏安排一些村民在村頭的一塊地上搭了一間帳篷，連布來了就住在那裏。我們將獨龍毯、麝香、野牛皮作為貢物交給連布，他們坐在帳篷里數著我們交上去的物品，如果數量不夠，連布會生氣，管家會打人。如果女人不會織布，或者那年沒有織出來，男人就要多交獸皮來補充。我小時候記得媽媽上交一床獨龍毯，那是她花了兩個月才織好的。除了繳納貢物，還有交換東西。但是交換時，我們給的毯子、獸皮比他們給的多。他們把我們的東西拿到外面其它地方交換。[48]

在格萊本老人看來，藏族人不僅是獨龍族人的統治者，同時還是提供鹽巴和進行貿易的對象。然而，在另外一個老人眼裏，來收稅的連布和管家就如同土匪一般：

> 連布過來收稅時，常帶著三四個隨從。村裏要好好招待他們，

---

48 2011年10月13日冷木當村訪談資料（李林高翻譯）。

有好吃的全部拿給他們吃。連布挺著大肚子，皮帶松了用雞蛋塞，爬山的時候走不動就由手下人推他。他們欺負村民，看見獨龍族人家裏有什麼就拿什麼，我們沒有辦法說不要拿。獨龍族人什麼時候打到獵物、什麼時候織好毯子，他們就過來了。交不出貢物的人，他們就用鞭子抽打。有時連布的管家會把交不出稅的人帶走，讓他們幫忙幹活，也有一些人自己跑過去打工。[49]

這則信息的提供者是熊當村一位 70 多歲的基督教徒，也是 20 世紀 60 年代最後一批文面的女人。她信教有 12 年了，她認為信教好，不會亂想，而以前的「南木薩」他們搞的那一套是迷信。教徒的身份和對傳統習俗的認識，使她對信仰佛教的察瓦龍藏族領主持有「土匪」的印象，覺得那時候的獨龍族人生活很苦，現在的人不應該忘記這段歷史。另一位年紀更大的報導人，則向我們提供了更為豐富的信息：

> 察瓦龍最大的官是協傲，他偶而來獨龍江巡察，他下面是連布，具體負責收稅的是連布的管家宗巴的人。他們來到村裏時，我們要送雞蛋，要做飯、提供水酒招待。村裏的頭人卡夏見到他們要磕頭，還要說好話，讓收稅的人開心、舒服。在我的印象中還沒有納不起稅的，如果有的家裏太窮，村裏其它人會幫忙。連布帶著鹽巴、楚巴等生活用品過來和我們交換。通常是用獨龍毯來換鹽巴，如果沒有織好的毯子，用撚好的麻線也可以換鹽巴。連布到各個村交換，回去時，請人把他的東西

---

49 2011年10月10日熊當村訪談資料（蓮自仙口述，李勝榮翻譯）。

背到察瓦龍。那些背夫回來時，會得到糧食、鹽巴作為酬勞。有時，他們回去晚了，山上有積雪，很多背夫就凍死在路上。開山的時候，連布又過來，找一些人到山上挖藥材。連布提供伙食，挖出來的藥材歸他。沒有聽說過察瓦龍藏族人搶劫人口，不過有一些孤兒被用來換黃牛。有些生活極為困苦的人，會自願跑到察瓦龍去打工，以換取糧食。也有來自緬甸的獨龍族人被抓來換牛。有些人和藏族關係好，家裏有什麼缺少的，藏族朋友會送土罐或其它生活用品。[50]

這位報導人也強調了察瓦龍連布像是一個雇主，窮苦的獨龍族人成為他的傭工。另外，我們也認識到在察瓦龍領主家裏幹活的不一定都是農奴。他們可以分為兩類，一類是完全沒有人身自由的人，通常是被抓來賣的人，這是真正意義上的奴隸；另一類是在缺糧時期為了生存下去而到領主家裏受雇，以得到口糧和衣物的人，當他家裏生活改善時，他就可以結束和領主之間的雇傭關係。例如，前面提到的個案，普爾村咕嚕老人的經歷就是一個明證。他小時候家裏生活困難，然後去察瓦龍絮恩村投靠姑媽；他的姑媽是連布買來的農奴，但他不是娃子（農奴），幾年後他又回到了獨龍江。

從以上的訪談材料中不難發現，居住在不同地段的獨龍族人，由於受不同族群勢力的統治因而有了不同的遭遇。在孔當和巴坡交界的斯拉洛村以上的獨龍族人主要受察瓦龍藏族領主統治；而斯拉洛以下的村落和獨龍族人由不同的勢力統治，既有維西納西族土司以及後來的貢山設治局，也有高黎貢山以東的傈僳族蓄奴主。獨龍族人根據不同的互動對象，在經濟文化認同上維持著與統治者的依賴關係，以獲

---

50 2011年10月22日迪政當村訪談資料（乾奈口述，李林高翻譯）。

得生存的經濟利益和地理空間。獨龍族人與周邊族群的關係是建立在權利關係基礎上的，或者說是通過政治權利關係來構建的。

　　從地理空間上看，獨龍族人的統治者分佈在獨龍江北邊和東邊。也就是說，不僅有高黎貢山這樣的自然屏障，還有如狼似虎的統治者把獨龍族人不斷地擠壓到西邊偏遠的地方，獨龍族人只能順著江水往西南遷徙，到狄子江、托洛江以及恩梅開江流域尋找生存的立足點。在獨龍江地區流傳的創世神話也反映了族群的分類和居住地的分佈：宇宙初期發生大洪水，世間只剩下兄妹兩人。他們結成夫妻後生了 9 對兒女，這 9 對兒女又相互結成夫婦。隨著人類的增多，兄弟之間開始不和。父母通過射箭比賽，選出頭人來管理以維護秩序。比賽結果是大哥獲勝，其它兄弟都要聽他的話。後來，各個兄弟姐妹分居到 9 條江附近，各據一方：

> 大兄妹遷到內地（瀾滄江）做了「空麻」（官吏），成了今天的漢族；
>
> 二兄妹遷至怒江一帶，成了今天怒族的祖先；
>
> 三兄妹留在獨龍江，成了獨龍族的祖先；
>
> 四兄妹遷居墨哇江流域，即今之「墨哇」、「甲文」；
>
> 五兄妹遷居迪子江，即今之「迪就龍」；
>
> 六兄妹遷居拉達閣，即今之「打斜龍」；
>
> 七兄妹遷居桑曲河（察隅），約為今天的「僜人」；
>
> 八兄妹遷居迪不勒江，即今之「迪布勒龍」；
>
> 九兄妹遷居托洛江，稱為「托洛龍」。[51]

---

51 《中國少數民族社會歷史調查資料叢刊》修訂編輯委員會編：《獨龍族社會歷史調查》（修訂版）（北京市：民族出版社，2009年），頁14。

　　這個神話描繪了不同族群的地理分佈空間，從東到西分別是漢族—怒族—獨龍族—獨龍族的各支系。通過射箭比賽，漢族成為各族的統治者。這種從東到西的人群空間分佈即是獨龍族人世界空間秩序的表達，同時也將統治者的地位合法化了。在 20 世紀 30 年代陶雲逵收集的口述材料中，神話中的老大變成了藏族祖先。[52]這可能是因為講述者所在村落屬於察瓦龍領主管轄之地，藏族的形象取代了早先的漢族。實際上，統治者「漢族」是一個模糊的族群概念，這裏面包含著居統治地位的納西族、白族、滿族以及漢族。統治者身居東方，而獨龍族人生活中需要的鹽巴、布匹等稀缺物品也來自東方。獨龍族通過政治和經濟關係，維持著與東方統治者的關係，這樣的「東方」概念強化了對朝廷的認同和向心力。怒族與獨龍族的兄弟故事，也說明了兩個民族之間存在著彼此依賴的親緣關係。

第二節　夾縫中的生存政治

　　高聳的高黎貢山以及半年的雪山形成的天然屏障，顯然無法阻擋來自北部和東部政治力量的入侵。這些力量由不同的族群勢力構成，其中納西族土司以及後來的國民黨設治局代表著更遙遠的政治力量，與藏族領主、傈僳族蓄奴主構成了對獨龍江的合圍之勢。獨龍族人由於部分重要的生存資源控制在土司和藏族領主手中，因而在政治經濟上受到他們的制約和支配；當蓄奴主以野蠻的方式侵擾獨龍江時，獨龍族人又不得不向土司和領主尋求庇護。在這樣的政治環境中，依附與抗爭成為獨龍族人謀求生存的策略。

---

52 參見陶雲逵：〈幾個藏緬語系土族的創世故事〉，《邊疆研究論叢》（南京市：金陵大學中國文化研究所，1942至1945年印行）。

一 依附

18 世紀以來，獨龍江東南部傈僳族蓄奴主日趨強大，整個傈僳族社會流行家族仇殺械鬥，強者為酋，弱者被虜，由此產生「屍骨錢糧」稅。貢山北部的怒俅子不堪忍受傈僳族的欺凌，相約到維西廳，主動納貢求附。在餘慶遠《維西見聞紀》中記錄的「怒子求納」事件，怒子即貢山北部的怒子和俅子，他們此時還沒有完全分化。這件事表明，最弱者怒俅民向代表朝廷的地方權力機構維西廳求附，目的是希望官府為他們伸張正義。另外，他們通過歸附朝廷，獲得了鹽巴、布匹等重要的生活物資。對於怒江西岸的各族人來說，這是一個重要的歷史轉折時期。因為「怒子求納」事件之後，維西土司專門設立部落安撫機構，調解怒江兩岸各族群之間的糾紛；同時，設立「白色」和「里甲」等基層管理人員，由地方村落裏有威望的頭人擔任，主要的職責是管理村民和收繳稅物並運送到土司署。像獨龍族這樣的弱勢群體，正是通過維西土司被納入了朝廷的政權體系。

但是，擔當「白色」和「里甲」的人多是傈僳族頭人，他們原本也分屬於不同的家族，受土司委任為俅管後在政治上也很難約束其它頭人。到清末夏瑚進入獨龍江時，獨龍族社會仍然存在著來自傈僳強人的威脅。獨龍族人內部主要依靠血緣關係的家族組織以及成員之間的合作與互惠維持群體的生存和發展。另外，由於人群居住分散且經常流動，沒有形成超越村落和家族的自治權組織，因而自身無法抵抗外強的侵略。面對這樣的遭遇，獨龍族人要麼滿足對方的要求，要麼組織家族成員反抗，要麼選擇依附或投靠另外一股勢力。據怒江州地方志記載，19 世紀末葉是怒江地區傈僳族家長奴隸制的鼎盛時期，弱小而又貧困的獨龍族人民成了蓄奴主掠奪的主要對象。獨龍江的不甲臘木等 10 多個村寨經常受到劫奪，被掠走了難以計數的奴隸。這

使獨龍族人難以安生，有的甚至跑到深山老林中棲息，由此造成獨龍族人口銳減。為了免遭劫奪，獨龍江上游的村民只能請求察瓦龍領主保護。[53] 這說明獨龍江上游之所以被察瓦龍領主管轄，是因為獨龍族人主動投靠察瓦龍藏族領主，以避免遭到傈僳族強人的糟蹋。我們在前面也談到了藏族領主的治理措施，他將管轄的地段劃分成 9 村 26 個寨，然後委任夥頭徵收錢糧、攤銷砂鹽、放牛債和「楚巴」債。在這裏沒有提到維西土司，上游的人和察瓦龍地域距離較近，而遠在瀾滄江東岸的維西土司鞭長莫及，何況上游的一些家族本身是從察瓦龍遷徙下來的，當他們受到威脅時投靠察瓦龍的領主也在情理之中。

自然環境惡劣，生活貧困，亦是獨龍族人不得不依賴外界的原因。獨龍江上游的一些老年人在口述中不斷提到，在缺糧季節很多人跑到察瓦龍棨恩村農奴主莊園裏幹活，以求得到衣物口糧。普爾村的咕嚕老人 12 歲的時候，由於家裏人多，所種的糧食只夠吃半年，他的母親就讓他到棨恩村找吃的；咕嚕的姨媽是棨恩村大連布布楚的農奴，咕嚕到連布家後，主人讓他到高山上放牛、背柴火，農忙季節跟著大人一起參加種地、犁地等活。他和姨媽姨父住在一起，吃的是包穀糊，偶而還能吃到肉。兩年後，他又回到了獨龍江老家。像他這樣到察瓦龍的人不少。而藏族人用「文面的人」和「沒有衣服穿的人」來指稱獨龍族人，可見舊時獨龍族人的生活多麼貧困。一些人與察瓦龍藏族人建立「本南」關係，除了在貿易中扮演著中間人的角色，也是希望在饑荒季節得到對方的糧食援助。

獨龍族人依附於藏族領主，除了從藏族人那裏獲得安全方面的庇護外，還進行各種交易。有些年輕人受雇於藏族人，做背夫、挖藥

---

53 參見怒江傈僳族自治州地方志編纂委員會編：《傈僳族自治州志》（北京市：民族出版社，2006年）。

材，獲得低廉的報酬。在物物交換中，他們得到生活需要的牛肉、鹽巴、衣服、糧食、鐵器等外來物品，從而解決了部分生存的問題。但是，獨龍族人與藏族領主之間的依附關係建立在經濟不平等的基礎上。交易形成債務關係，獨龍族人因日積月累而無法償還，最終只能以人（勞力）來抵債，或者承認自己為藏族領主的子民，每年向其納稅。因此，債務關係是政治關係最基本的表現。

獨龍族社會整體而言是一個沒有分層的社會，家族長自然形成的領袖也無權支配社會資源和家族成員；相反，西藏察瓦龍社會是有階層分化的社會，宗教領袖、貴族、富戶居於社會的最高地位，貧農和雇農為中層，最低等為沒有土地和人身自由的農奴，貧富因社會地位而懸殊。當這兩種社會相連接時，獨龍江與周邊之間的關係是不平等的。這需要從社會階層的角度來分析，獨龍族人整體上處於社會權力體系中的最低層。

解放軍進藏[54]前，紮恩有四大莊園，其中帕拉西和木果西為直接統治獨龍江的連布。他們把各地買來的奴隸變成農奴，為其勞動。有些買來的年紀小的娃子要上山放牛，他們在不同季節將牛趕到不同海拔的牧區放牧；他們生活很苦，沒有衣服穿，吃得也很簡單。紮恩村年紀最大的老人卓瑪回憶：

> 一個地主[55]有六七十個娃子，娃子天天幹活，吃的是稀飯。很多娃子是地主用牛、糧食換來的。有些獨龍族家庭人口多，糧食不夠吃，父母用小孩來交換吃的東西。這些買來的娃子，年

---

54 1950年解放軍第十四軍四十二師部從雲南貢山進入察瓦絨（龍）悶空，後進駐察隅，沿途解放了娃子（即農奴）並宣傳了民族政策，有力地配合了第十八軍的昌都戰役。

55 地主是用來指稱那些有土地、富有及居於社會高層者。

紀小的服侍地主家人，照看地主的小孩，有時犯錯了，地主就
讓娃子吃小孩的糞便。娃子住在地主的房子裏，不能隨意離
開。我的母親剛會走路的時候，就被賣到紮恩來了；父親是龍
普村的怒族人，他不用給地主幹活，待在家裏，後來被冤枉為
偷了地主的首飾，就喝毒藥自殺了。我大概是18歲的時候和
一個獨龍族娃子結婚的。當時不敢讓地主知道，我們偷偷在一
起，沒有舉行任何儀式。我這一輩子隻去過一次貢山，那次是
跟著地主去換大米，我做背夫。去時，幾個人坐獨木船順著怒
江漂流下去，因為那幾天水大，差點翻船掉到江裏；到了龍普
地段時，江水更加湍急，不能再坐船了，改成走路。那時的貢
山，只有兩家商店，要買吃的都沒有，只能吃乾豆。地主用羊
毛線和老闆交換大米。回來沒有騾馬馱，都是我們這些娃子
背，走了7天時間，才回到紮恩。我們非常辛苦，要過懸崖，
還要溜索過怒江，很危險。[56]

對於獨龍江的獨龍族人來說，最大的威脅來自不平等的政治制
度。獨龍江峽谷的土地種不出富餘的糧食，但人們可以通過挖掘葛根
以及捕獵來彌補糧食的不足。但是，他們還要向統治者繳稅納貢，而
且在貿易交換中受制於外來的商人，生活更加貧困。獨龍江人賣兒賣
女實屬無奈之舉。有些農奴是被獨龍族社會遺棄的偷盜者、下蠱作祟
者以及孤兒弱女之流。不過，有些幸運者在藏族領主家生活得比在獨
龍江好。

藏族統治者看到了獨龍族人對食物的需求，他們控制著食物資
源，常以食物提供者的身份來統治獨龍江，獨龍族人也因此而依附於

---

56 2012年3月2日訪談資料（報導人：紮恩村卓瑪，83歲，怒族；翻譯：嘎瑪曲美，西
　藏農牧學院大二學生）。

藏族領主。在上游地區，獨龍族人認為向藏族領主繳稅最重要的理由是獨龍族人吃了藏族人的牛肉。作為食物提供者，藏族領主獲得統治者身份權威。

南部村落是由維西土司任命的俅管負責管理。但俅管的主要責任是「收受錢糧」和「攤賣鹽布貨」，而地方村落的社會治安主要由家族頭人來維持。由於南部村落經常受到傈僳族蓄奴主的侵擾，本身鬆散和弱小的家族組織無法對抗外來入侵。他們和怒族人主動歸附維西土司後，就希望得到土司力量的庇護。清同治九年（1870 年），居住於獨龍江流域南部拉達閣地區的蓄奴主，派遣一夥強人又到獨龍族人居住的村落搶掠人口。獨龍族人被迫聚眾反抗，殺死了 6 個強人。事件發生後，獨龍族人擔心蓄奴主報復，便派人前往瀾滄江東岸，向葉枝土司報案，述說獨龍族人遭受蓄奴主殘害的苦情，要求土司保護。葉枝土司當即派遣親信官員同往菖蒲桶（貢山）處理此案件。土司官員把菖蒲桶地區的怒族、傈僳族蓄奴主與頭人召集到當打村的普拉河邊，經過 3 天談判，最後達成三條協議：一是禁止對獨龍族人的侵擾仇殺活動，二是禁止虐殺、擄掠、買賣和奴役獨龍族人口，三是各民族互相通婚、友好相處。土司官員還代表葉枝土司向獨龍族、怒族、傈僳族代表分別頒發了一袋「千總鐵箭頭」，並鄭重宣佈：如有一方違約，受害一方可以聯絡另一方對違約一方進行懲罰，並將得到葉枝土司的援助。為了表示對協定信守不渝，協定三方又在普拉河岸的岩石上刻下三道刀紋，並對天發誓、勒石為盟。獨龍族代表回到獨龍江後，用同樣的辦法與拉達閣蓄奴主代表談判，並出示了葉枝土司頒發的「千總鐵箭頭」，要求蓄奴主停止對獨龍族人的侵擾活動。拉達閣蓄奴主攝於土司威力，與獨龍族達成了友好協定，最後雙方在獨龍江

下游的戛木米臺地上舉行了勒石為盟的儀式。[57]

　　獨龍族人的行動表明了他們主動尋求庇護具有三點政治意義：一是認同自身為維西土司的子民，也就是認同該地區是朝廷的一個部分；二是希望借助土司的力量制裁蓄奴主；三是求得一個相對和平的生存環境。維西土司在雍正年間歸附中央後，仍然對部分地方享有自治權利，其手握「千總鐵箭」就代表了朝廷授予的權威，解決邊民糾紛就有了社會控制的權威資源。但是，土司治理獨龍江地區仍然採取以夷制夷的模式，沒有在獨龍江建立地方權力機構統一管轄，而是分封頭人，讓其相互制衡。當權力失衡時，族群之間「倚強淩弱、相互兼併、仇殺械鬥」以擾亂社會秩序的現象並沒有得到徹底改善。

　　光緒三十四年（1908年），阿墩子彈壓委員夏瑚借處理「白漢洛」教案之際，進入怒俅兩江，果斷地採取了一系列政治舉措：一是重新劃清了滇藏察瓦龍與貢山之間的界線；二是宣佈納西土司、察瓦龍領主不准到獨龍江徵收賦稅；三是委任袁裕才為俅管，分封各村落夥頭，並親自到俅江安撫俅人等邊民。這幾項措施表明朝廷治理邊疆的策略做出了改變，同時朝廷的權力進一步滲透到了怒江流域，由此而確定了朝廷是唯一正統和合法的統治者。換言之，地方土司和藏族領主若再去俅江徵收貢物，就失去了合法性基礎。最重要的是，夏瑚帶著屬官到俅江宣揚朝廷的權威，不許土司和察瓦龍領主納貢。對獨龍族人來說，夏瑚巡察和重新任命頭人的舉措重塑了他們對朝廷的認同性。隨後，先是朝廷在地方設立菖蒲桶行政委員會，後改設貢山設治局，儘管朝廷政權歷經更替，但是代表國家的地方權力機構已經在貢山紮根了，而且成為獨龍族人依靠的新的力量。

---

57 參見李道生：《維西康普、葉枝等土司管理怒江始末》，李道生主編：《怒江文史資料選輯》（第十一輯），政協怒江傈僳族自治州委員會文史資料研究委員會1989年刊印，頁56-57。

　　《菖蒲桶志》載：「民國二十年四月，俅江甲長金等來署請求保護。」[58]甲長金等獨龍族人為何要跑到貢山尋求保護？原因在於獨龍江流域的社會政治環境仍然沒有大的改善。傈僳族強人的威脅難以根除；而察瓦龍領主自清末夏瑚治邊後，對獨龍江徵收稅物有所消停，但到了菖蒲桶委員梁彥之當政時，見梁彥之為人軟弱，又趁勢恢復了對獨龍江的稅收。獨龍族人負擔多重稅收，又陷入了生活安全無法保障的處境，最後派代表到縣治來請求保護，目的也是為了消除察瓦龍領主的稅收。此時，新任的委員楊作棟是一個想有所作為的官員，他極力安撫獨龍族代表，遂後在獨龍江設立公安局，以穩定社會秩序；另一方面，他重申獨龍江地區的管治權，不讓察瓦龍藏族人來收稅，察瓦龍官員派代表來交涉，楊作棟態度堅決，並向藏族人講明相關利害關係。第二年，察瓦龍藏族人不再派人到獨龍江收稅。

　　也就是說，清末至民國間，隨著英緬殖民者的入侵，邊界危機出現，朝廷的勢力也捲入了爭奪獨龍江控制權之中。朝廷的參與，表明了國家權力的下滲，不過地方勢力的影響仍然存在。1933年，國民政府將菖蒲桶行政委員公署改設為貢山設治局。在獨龍江地區，各村推行保甲制度。這在一定程度上抵制了英緬殖民者的入侵，同時也在一定程度上排斥了察瓦龍領主的勢力。但是，藏族勢力強大，國民黨未能把藏族人的勢力排擠出去。在這樣複雜的政治環境中，作為生存的群體，獨龍族人並非一味地服從外來統治者。很多實例表明，他們有一套應對的措施。傈僳族蓄奴主和強人是他們社會生活的主要威脅，他們依靠藏族人的力量或者維西土司的勢力來保護自己。而對土司和領主等統治者，他們要適時繳納貢物，為的是能夠從他們那裏交換到鹽巴、布匹等生活必需品；但是，一旦稅收壓力超過了他們的承

---

58 菖蒲桶行政委員公署編撰：《菖蒲桶志》，貢山獨龍族怒族自治縣志編纂委員會編：
　　《貢山獨龍族怒族自治縣志》（北京市：民族出版社，2006年），頁507。

受範圍，他們也會選擇依附另一方力量的策略來抵抗徵稅，或者動員族人與怒族人結盟以對抗外來的統治者。

二　抗爭

在和朝廷或者地方強權的鬥爭中，失敗了的少數族群不斷向偏遠的西部遷移，以躲避對方戰後的報復。急流的江水和高聳的山峰，以及由此形成的峽谷坡地，既提供了阻擋統治者和官府力量的天然屏障，也構成了逃難者移居的生活空間。前面已經說過，在滇西北怒江流域，傈僳族蓄奴主、強悍者以及內地逃犯合夥搶掠人口，當地人少勢弱的怒俅子不堪忍受，有的投靠維西葉枝土司以求保護，有的舉家遷移到山中林地以逃避禍害。今天，獨龍江的一些氏族傳說中，就有先祖是從怒江遷來的這種說法。在獨龍江流域，當地居民更加稀少而分散，聚族而居。由於擔心被搶或者交不起稅物，一些家族深居山林中，把房舍結在樹上。例如，夏瑚《怒俅邊隘詳情》載：「考其巢居之由，在昔野獸較多，……以避虎患；近則殺人、拉人，所在恒有，亦仍以巢居避患為樂。」[59]以樹為居者，到了夜晚，要撤掉連接地面的那一段圓木。白天，他們在樹端眺望來往路上的匪情，一旦發現有異，全體迅即下樹逃逸，分散隱匿。有的家族一年四季居住在不同的地方，雨季開山期間就居住在獨龍江西岸或者海拔更高的森林中，這樣外人難以接觸到他們。房屋建在獨龍江西岸的家族，如遇到外來入侵者就砍斷溜索，江水則成為天險。到了冬季雪山封路，此時山上降雪，他們又搬回到低地或者獨龍江東岸居住。今天，仍然有很多老年人喜歡獨居在山林中，不喜歡在公路邊居住。這除了說明他們喜歡幽

---

59 〔清〕夏瑚：《怒俅邊隘詳情》，方國瑜主編，徐文德、木芹、鄭志惠纂錄校訂：《雲南史料叢刊》（第十二卷）（昆明市：雲南大學出版社，1999年），頁150。

靜的生活方式，也從側面說明歷史的遭遇對他們的影響很深。這種向西部偏遠地遷移、樹巢而居、隨季節性流動的居住模式，在沒有安全保障的時代，其實是逃避外人侵擾的一種生存策略，也是對統治者的一種抗爭，屬於消極反抗類型。

然而，逃離並非是消除危機和躲避災禍的最佳方式。獨龍族人周圍的民族本是以山地民族為主，他們不怕深山阻擋，尤其是傈僳族人最富有冒險精神，儘管獨龍族人樹居或者躲在山裏，他們仍然能把人找到。獨龍族人一旦被他們發現，則躲避不及。傈僳族強人上不了樹房，就用砍刀砍樹，使上面的人不得不下來，承受其殘暴的掠奪。在無法忍受的情況下，獨龍族人會聯合起來反抗。如上一節提到的同治九年（1870 年）獨龍族人聚眾反抗拉達閣蓄奴主事件，是由於獨龍族人不堪忍受欺凌而進行的抗爭。不過，這件事情因為獨龍族人及時上報維西土司，得到後者居中調解，獨龍族人取得了抗爭的勝利。但是，這些遠居瀾滄江東岸的土司們無法監管日常生活秩序，當他們離開怒俅回到土司署後，那些蓄奴主和強人又開始侵擾弱勢者。而且維西土司委任傈僳族頭人為俅管，使這些強人對獨龍族人變得有恃無恐。據 20 世紀五六十年代調查資料，以前，曾有貢山傈僳族蓄奴主翻過高黎貢山，來到二村的獻久當，殺了一家獨龍族人，把留下的獨龍族人全部拉去賣為奴隸。返回的途中在戛比毒卡過夜，他們禁止獨龍族人以石為枕。午夜時分，獨龍族人一起用石頭把蓄奴主全部砸死，逃回家中。結果招致蓄奴主的報復，獨龍族人勢單力薄，無法阻止蓄奴主的殺掠，頭人只好請求和議，每年每戶向蓄奴主上繳「屍骨錢糧」稅。[60]從獨龍江南部村民的口述中，可知這種反覆無常的侵擾一直到 1949 年才終止。

---

60 參見雲南省編輯組編：《獨龍族社會歷史調查》（二）（昆明市：雲南民族出版社，1985 年），頁21。

對於察瓦龍領主的統治，獨龍族人也不是一直沉默和順從。在孔當一帶流傳著丙當‧圖裏恰痛打察瓦龍藏族領主管家的事：

> 有一天，丙當‧圖裏恰正在屋內煮酒，領主管家進來就喝。都裏恰一邊煮，管家一邊喝。都裏恰罵他不講理，管家舉刀要砍都裏恰。都裏恰奮起打掉了管家的刀，抓住其長髮便是一頓毒打。管家無力掙脫，被都裏恰像牽牛一樣掄了一圈拋在地上，管家無力還擊，撿起刀子落荒而逃。第二年，領主來人要抓都裏恰為奴，都裏恰殺了一頭豬，請頭人說情，並賠了一點東西了事。[61]

隨著貢山設治局的設立，國民政府的勢力延伸到了獨龍江，與維西土司一樣，設治局對獨龍江地區實施徵稅統治。與此同時，國民政府的實力無法消除地方舊勢力的影響，舊土司、藏族領主和喇嘛寺有自己的代理人，在獨龍江分段收稅。因此，抗稅、反徭役成為民國時期獨龍族人抗爭的主題，其中規模最大的是 20 世紀 30 年代發生的一次抗稅鬥爭。[62]，第 108 頁。事件的起因是，一個怒族人在獨龍江上游挖貝母，受到藏族領主管家的無理干涉，獨龍族人不滿，便將這個管家捆弔一日才放回。但是，獨龍族人的義舉招致了藏族領主的報復──增加稅收，連人的耳鼻都要交稅。頭人去設治局請願交涉無效，於是整個獨龍江的頭人集合起來，決定反抗。由一村（龍元以上的村落）頭人發起，14 個頭人響應參加，並約定於獻久當開會。會議一致通過採取堅決行動，由布哇爾‧拉木松為總負責，決定在藏族

---

61 參見雲南省編輯組編：《獨龍族社會歷史調查》（二）（昆明市：雲南民族出版社，1985年），頁21。

62 同上，頁108。

聚居區通向獨龍江的敵斯柔築壘，如果答應減稅就不打、不答應就打，若此次行動失敗了就遷走。每個村頭人挑選身強力壯者參加。當連布來收貢物時，反抗隊伍個個背起砍刀、弩弓、口糧，集中在敵斯柔，將溜索砍斷，把沿江石頭壘起做圍，每次 30 人輪流守圍，一直堅持到大雪封山。第二年雪化山路開，獨龍族人仍然組織守防，藏族領主派布力東‧工布幾次攻打，都被打回。自此以後，藏族領主連續 3 年不敢派人來收貢物。這次事件的另一個版本，描繪的是獨龍族人與貢山的怒族人聯合抗稅的經過。但是，在這次怒俅結盟抗稅的過程中出現了一段有趣的插曲。在怒俅地區，傳統的通信以木刻傳遞方式為主，而算日子用結繩方式計數。按照約定，獨龍族人到了察瓦龍，但是怒族的繩結打錯了一節，所以遲到了一天。因此，獨龍族人只能單獨行動，他們利用藤索把藏族領主的房子拉倒了，殺掉了領主等人。待怒族人趕到時，他們一同去攻打了阿丙村的領主，燒毀住房，殺光領主全家，得勝而歸。[63]

這是 20 世紀五六十年代搜集到的口述材料，強調集體主義的行動；但在 20 世紀 80 年代蔡家麒、楊毓驤等人的調查報告中，同樣的抗爭主題，卻突出了可羅南巴爾和拉佩廷這樣的英雄。[64]前者在動員獨龍族人進行抗爭、聯絡怒族人結盟的過程中發揮了領袖作用，後者因在作戰中表現勇敢而被人稱道。

1932 年國民黨在貢山設立設治局，但沒有改變獨龍族人被壓迫的命運，每年除了有舊土司和藏族領主來收稅外，他們還得向國民黨納稅。有一年，國民黨任命的獨龍江區區長元阿秘、元阿嘉也住在茂

---

63 參見雲南省編輯組編：《獨龍族社會歷史調查》（二）（昆明市：雲南民族出版社，1985年），頁108。

64 參見蔡家麒：《藏彝走廊中的獨龍族社會歷史考察》（北京市：民族出版社2008年），頁102-107。

當，每年向獨龍族人收稅，剝削甚為苛刻。於是，第三村的村民組織起來，以家族長為首，到貢山縣府請願，要求罷免區長職務。結果獨龍族人得勝，元阿秘、元阿嘉等垮臺。5 年後，獨龍江二區的漢族人元阿遣當四區區長，他對獨龍族人進行殘酷的剝削，任意欺壓。獨龍族人又組織起來，一邊派人向縣府請願，一邊用武力將元阿遣趕出去，結果迫使他辭職。隨後，在全區保董們的推薦下，孔目‧金（即孔當木‧頂）被任命為獨龍江區區長。[65] 在一次向察瓦龍領主抗拒繳稅活動後，設治局新任命的鄉長孔目‧金家裏慘遭藏族人的報復——看家的小妻被搜出來，被砍斷了腳筋，成為廢人；藏族人殺吃了孔家的牛，並把家裏的糧食劫掠一空。孔目‧金當時在外舉行治療儀式，躲過了殺禍。不過，見到家裏的慘狀，不久他便含恨去世。

上述的反抗行動，透露了獨龍族人為了共同目標而集體行動的意識。這種共同體的意識是和 20 世紀 30 年代獨龍江政治情境緊密相連的。這一時期，國民政府在獨龍江推行保甲制度，而在此之前察瓦龍藏族領主也實施了劃村落設夥頭的管理制度，因此對人口和家戶的管理更加嚴格。過去分散的獨龍族人，在統治者的規劃和控制下，逐漸趨於集中定居。這種聚居模式，一方面有利於統治者的管理和稅收，另一方面也有助於獨龍江的獨龍族人凝聚成一個共同體。共同的歷史遭遇和現實生存的困境，使各村的獨龍族人很快被動員起來，共同反抗藏族領主和土匪的掠奪，並向設治局請願，表達政治訴求，以維護共同體的利益。

除了以群體性武力抗爭外，從性別和個體的視角我們還發現了獨龍族人複雜多樣的抗爭形式。在 1949 年以前，獨龍族人是比較弱

---

65 參見雲南省編輯組編：《獨龍族社會歷史調查》（二）（昆明市：雲南民族出版社，1985年），頁38。

勢、受統治者欺壓較深的族群，獨龍族婦女則是這個社會中最弱勢、受統治者欺壓最深的群體。在婚嫁中，她們自己沒有決定權，聽命於父母、丈夫家族的安排；有些女人不願意嫁給父母指定的男人，則以跳江自殺來抗爭。在社會公共活動中，婦女被當成「不擅長說話」的群體，因而家族長、村落頭人都由男子來擔任。而當外族侵擾時，婦女常常是遭受最苦、被劫掠最嚴重的對象。她們除了希望得到父親、兄弟和丈夫的保護外，還通過文面的手段來自保。在今天的社會話語裏，文面是獨龍族古老的習俗、美的藝術行為和宗教觀念的表達方式，並且作為一種民族文化的標誌受到政府的關注和遊客的追逐。迪政當一個文面老人說：「村裏的女孩都文面，不文面的女人嫁不出去，男人不喜歡。」[66]大部分文面老人都聲稱文面是一種習俗，每個女孩長到十一二歲就要找人文面，母親或者其它家人是執行者和監督者。但是，在社會不穩定、生命安全無法保障的歷史情境裏，文面也是一種自我保護的策略。一方面，文面遵從社會習俗規範，只有這樣才能獲得社會的認可；另一方面，文面是獨龍族婦女抵抗外來入侵者的武器──「弱者的武器」。民國十九年（1930年），蒙藏委員會調查員楊斌銓和王繼先到獨龍江勘查，路上遇到一名文面女，感到很驚訝。嚮導告訴他們：「潞江未開化前，儸儸時去俅江搶劫俅民婦女，以為奴婢，俅民有女子年至四五歲時，以青色圖面如飛蝶形，用針刺之，使黑，儸儸即不搶劫。或云文之以為美觀。俅江上游婦女大都如此。」[67]但是，正如觀察者的所見所聞，只有獨龍江上段的部分女子才文面，文面女子的分佈和察瓦龍藏族領主控制的區域相一致。這種習俗與察瓦龍領主的統治有著什麼樣的關係？從政治經濟學的角度分

<hr>

66 2011年10月3日採訪格萊本的資料（李林高翻譯）。

67 轉引自尹明德編《雲南北界勘查記》，（臺北市：成文出版社有限公司，1974年），頁145。

析，這與當時各種力量爭奪獨龍江地區的社會控制權有關。民族學者陶雲逵描述了民國時期獨龍族人的政治生活狀況：

> 除漢商、漢官剝盤外，尚有所謂察瓦龍土司之苛勒，傈傈之屍骨錢糧，俅子於是乎變成受盡壓迫的弱小民族。俅女至十二三歲即文面，據說是怕被察蠻拖去用以償牛價，怕被傈傈拖去當屍骨錢糧。[68]

　　正如前面提及的，周圍強勢族群通過結構性的權力關係，在經濟上達成不平等交換，使獨龍族人債臺高築，最後不得已只好用人來抵債，孤兒和弱女常常成為受害者，因為他們在本族社會中處於邊緣地位。女孩文面既可以逃避被送去當奴隸的命運，也可以避免被外族人搶劫。我們在察瓦龍紮恩村調查時，村中年紀最大的阿婆卓瑪指出：「藏族領主並沒有強迫獨龍婦女文面，但是在我們紮恩這裏，我們的山神不會保祐文面的人。」[69]也就是說，在紮恩人的觀念裏，文面的人得不到神的庇祐，於是成為被社會排斥的邊緣人。延續這樣的邏輯，藏族領主也不希望招入不受神歡迎的人來當奴僕，那麼那些欠債的人也不會以文面女來抵債、傈傈族蓄奴主也不會搶文面女來與藏族領主交易。相反，在獨龍社會中，文面是一種文化制度，文面女人即是被認可的社會成員。結合當時的政治經濟情境以及文化邏輯，我們可以理解文面緣何成為弱女的一種自我保護手段。之所以出現不同地段獨龍族人的文面習俗的內部差異，與不同勢力的政治文化主張有關。這是劃分不同領地的一個標誌，亦是不同力量博弈的結果。獨龍

---

68 陶雲逵：〈俅江紀程〉，《西南邊疆》第14期，（成都市：成都西南邊疆研究社，1942年印行）。
69 2012年3月2日紮恩村訪談資料。

族人利用不同的政治力量求得生存，但在獲取各種生存資源的過程中，也受到了周邊政治環境的影響。

第三節　民族國家進程中所依賴的生存條件

19世紀下半葉以降，隨著中華民族與西方列強不斷的對抗和碰撞，出現列強入侵和西學東漸，整個中華民族感受到了民族危亡與邊疆危機，這刺激並產生了中華民族「自覺的民族意識」。[70]英法殖民者對中華民族西南藩屬國的入侵，方便了傳教士、探險家進入內陸進行活動，也加劇了這一地區的社會複雜性，導致「教案」、邊境衝突不斷。英國殖民者直接以武力入侵西藏和對緬甸的佔領，以及不斷向東部和北部吞噬之勢，使獨龍江流域的政治形勢變得更加複雜。另一方面，由於中央政府的重視和地方治理的推進，獨龍族人的命運與民族、國家的歷史進程聯繫得更加緊密。

一　邊疆危機背景下的生存環境

傳統中華民族視野中的邊疆是相對於權力中心而界定的，通常用「儒家文化」和離中央的地理距離來分辨「夏」和「夷」。文化作為不同人群的最高認同標準，同屬於一個文教系統的接受帝制文化主張的人群屬於「我族」，其它的人群則屬於「非我族類」的「蠻夷」。但正如吉登斯指出的，像中華民族這樣的前現代的國家，並非與真正的領土一致，統治集團宣稱是所有目之所及的主宰，但是缺乏使此主張

---

70 參見費孝通：〈中華民族的多元一體格局〉，《北京大學學報》（哲學社會科學版）1989年第4期，第1-19頁。

變成現實的必要的行政性的、溝通性的以及軍事性的下層結構。因而
傳統國家只有「邊疆而無邊界」。[71]清末以來，列強入侵引起了邊疆危
機，更多的有識之士開始關注邊疆問題。民國民族學者淩純聲撰文提
出了邊疆的定義：

> 所謂邊疆，可有三義。一為地理的，如東北三省、蒙新高原、
> 青康藏高原及雲貴臺地，沿內陸邊疆之地，不僅地在沿邊，且
> 多為未經開發之區。一為文化的，在國內具有特殊語文文化的
> 弱小民族，分佈之區，即在腹地，可稱為文化之邊疆。一為政
> 治的，至今各省尚行舊日邊政制度之地，即為政治之邊疆。[72]

　　按照這個定義，獨龍族人所在的俅夷地，實屬位於中華民族的邊
疆。從地理分佈上看，俅夷地不僅指獨龍江地區。這一區域大致範圍
在岔角江及江心坡以北、擔當力卡山及高黎貢山以西、西康（西藏雜
瑜）南界以南、孔倫山以東，包括恩梅開江的四條源流──獨龍江、
狄子江、狄不勒江、托洛江，還有邁立開江源流之一的狄滿江。這一
帶區域的居民主要是獨龍族各支系，所以過去這一區域曾被稱為「俅
夷地」。在獨龍族人的創世神話中，第一對父母所生的 9 對兒女，除
了前面 3 對兒女，其餘皆分佈到俅夷地居住。傳統上，這些地方被統
治者稱為蠻荒之地，或者外域境地，政府通過任命土司和地方部落頭
人來管理和維持地方秩序，後者則以朝貢的方式維持著與統治者的關
係。對於獨龍族人來講，他們有「兄弟故事」和「鹽來自東方，我心
向東方」等認同中華民族的心理表達；在具體行為上，他們歸附於地

---

71 參見〔英〕約翰・格萊德希爾，趙旭東譯：《權力及其偽裝：關於政治的人類學視
　　角》（北京市：商務印書館，2011年），頁23。

72 淩純聲：〈中國邊政改革芻議〉，《邊政公論》1947年第6卷第1期。

方土司，並每年向其納貢，以獲得鹽、茶、布匹等生存物資。

自元朝起雲南劃為行省，緬甸也向中國皇帝朝貢，屬於藩國，滇緬之間沒有嚴格的邊界劃分。光緒十二年（1886 年）英國吞併了緬甸，而後開始向東蠶食侵略，想以怒江及恩梅開江中間的分水嶺高黎貢山為界，於是發生了中緬邊界糾紛。[73]當時清末政府漠視邊疆的治理，對邊地的地理和人民也不熟悉，這給英殖民者提供了可乘之機。光緒三十四年（1908 年），菖蒲桶喇嘛寺管事亞魯阿通會西以及喇嘛松匹五兒、大古宗等，聯合當地土人圍燒茶蘭及白漢洛法國教堂，趕走了傳教士任安守，地方志稱之為「白漢洛教案」。前面我們提到過，喇嘛寺在菖蒲桶地區的影響力很大，既負責地方稅收，也擔當著調解民事糾紛的責任。傳教士來了之後，拉攏教徒、侵佔土地，擴大地方社會的影響力。「教案」之發生，實質是爭奪地方社會控制權的結果。談起這起「教案」，今天普化寺（重建後的喇嘛寺）的喇嘛說：

> 天主教剛傳進來的時候，神父（任安守）與我們的藍秋活佛關係很好，後來神父向活佛要地，引起喇嘛們的不滿和憤怒。隨後喇嘛打死了神父的兩個隨從，燒掉了他們的教堂。神父狡猾，躲過了追殺。後來神父上告雲南都府，喇嘛寺被判賠償，寺廟從此少了很多金銀財富。[74]

在列強入侵造成邊疆危機以及清朝政府軟弱不濟的政治背景下，任安守上訴朝廷。結果，朝廷代理人麗江府懲處了鬧事者喇嘛寺的管家亞魯等人，並讓喇嘛寺賠償給法國傳教士 3,000 兩銀子，朝廷撥 5

---

73 參見鄭勵儉、孫敏賢：〈中緬劃界史〉，《中國近代史論叢》1977年第2輯第7冊。
74 2011年8月30日丙中洛鄉重丁村普化寺訪談資料（報導人噶瑪龍渡江出）。

萬兩銀子重修教堂。麗江府派阿墩子彈壓委員夏瑚處理此案。夏瑚看到了邊地人民遭受喇嘛寺、土司的苛刻壓索，所以他一兼任怒俅兩江委員，就解除了喇嘛寺的收稅權，並要求邊民不要再向察瓦龍領主和維西舊土司繳稅。另一方面，夏瑚也看清了英國殖民者的侵略之心，如果任由他們所為，該地區不久就會被他們佔領。於是，夏瑚親自帶領屬官到俅夷地巡察，最遠到達了木王地坎底，即今天的緬甸葡萄縣境內。夏瑚每及所到之處，安撫人心，分發衣褲、針線、布、鹽等給俅民，委任夥頭甲長，發給執照，並賞夥頭每五人一頭牛以及茶酒之類；同時，又委任袁裕才、和安定為俅管。在安定民心方面，夏瑚頗得人心，獨龍族人均稱之為「夏師爺」。返回後，夏瑚寫成了《怒俅邊隘詳情》一文，呈報雲貴總督錫良，計劃在坎底設府知縣，提出了「設官、興學」等 10 條建議。[75] 夏瑚巡察俅江俅夷地的舉動，對當地的獨龍族人來說具有非常重要的政治意義。夏瑚任命新的俅管和夥頭，禁止向土司和領主繳稅，重塑了中央權威的形象。但是，夏瑚治理俅夷地的設想和禁止領主、土司向俅民收稅的做法，引起了維西土司的不滿，於是土司們勾結維西縣紳士翟洪儒等人向雲貴總督控告夏瑚。時任總督錫良不查虛實，即將夏瑚撤職查辦。宣統二年（1910 年），滇西邊防司令李根源喬裝探查俅夷地。此時，俅夷地大片已經陷入英緬之手。加之時局變遷，國內形勢混亂，英緬殖民者趁勢侵吞俅夷地，並籠絡俅民，將原來夏瑚發的夥頭執照收去而改發英國執照。到民國七至八年（1918-1919 年），所有俅夷地之木王坎底、狄子江、狄不勒江、狄滿江、托洛江、拉達閣等地，已完全被英人佔據。但是，當地的俅民仍持有向朝廷之心：「此地本歸天朝管，我們

---

75 參見〔清〕夏瑚：《怒俅邊隘詳情》，方國瑜主編，徐文德、木芹、鄭志惠纂錄校訂：《雲南史料叢刊》（第十二卷）（昆明市：雲南大學出版社，1999 年），頁147-163。

係天朝種，有我祖宗遺傳之言。」[76]由此可知，夏瑚對他們認同朝廷的影響，另外也表明這些人是從怒江、獨龍江等地遷移而來的。

英緬殖民者佔領恩梅開江流域後，利用地形的便利溯江而上，侵佔之地達到了獨龍江下游南部空賢一帶。所佔之地，殖民者以現代化方式治理經營，如在佔領地區設立行政、軍政、警政、路政、醫藥等官職，由英國人或緬甸人擔任；另外，他們特別重視修築公路，以方便交通和管理。正如方國瑜描繪的情形：

> 由密支那修築汽車路到坎底，再由坎底至托洛江，都可通車，並正修到狄子江之一段。又在坎底設學校二所教緬文，土民頭目子弟，送到坎底讀書。軍事上建築兵營，駐軍約五十名為一隊，而土人每戶每年繳納英洋一元或兩元以供軍需。[77]

可見，殖民者已在原來的俅夷地採取了現代化的治理措施，建立了基層行政管理機構，並設立學校教化地方俅民。對於當地的俅民來說，這些建設舉措同樣需要繳稅，但上繳的不是土產手工製品等實物，而是改用洋元代替。隨著交通設施的修築，俅民面臨著與更廣闊的世界互動和聯繫的問題，只是由於缺少殖民地時期的材料，我們無法弄清英緬殖民者治理下俅民的具體生活狀況。據英國軍官兼人類學家利奇在緬北的考察，在恩梅開江與邁立開江合流處以北，以及恩梅開江上游兩岸的高山地帶，居住著被英緬官方稱為「儂人」的族群。這群人與周圍的族群關係如下：

---

76 李根源：《滇西兵要界務圖注》，方國瑜主編，徐文德、木芹、鄭志惠纂錄校訂：
　《雲南史料叢刊》（第十卷）（昆明市：雲南大學出版社，2001年），頁804。
77 轉引自林超民主編：《方國瑜文集》（第1輯）（昆明市：雲南教育出版社，2001年），
　頁473。

　　儂人在南部逐漸與木如人融合，而在北部則與薩爾溫江上游和藏族聚居區邊界上各種不太為人所知的「部落」相融合。克欽山區內的儂人通常進貢給比他們強大的鄰居，即薩爾溫江上游的傈傈人和倮倮人、坎底弄的撣人以及江心坡北部的景頗人。和木如人一樣，除語言外，儂人的大多數文化特徵都與景頗人非常接近。儂人與其它克欽人之間經常通婚。在部分地方，儂人村寨與傈傈村寨緊密地混雜。儂人的組織在針對內部事務時是貢勞制，但向撣人和景頗等外部人群納貢時，就採用貢薩制。[78]

　　法國學者施蒂恩認為，「儂人」是對分佈範圍很廣的群體的泛稱，具體可包括達魯人、日旺人、俅子以及怒子。參見[79]從利奇的描述中可知，儂人與周邊的族群政治關係如同獨龍江的獨龍族人與周邊的統治者一樣，在權力結構中處於底層位置，在本身社會內部則實行的是部落社會的平等主義，但儂人與其它克欽本地人之間通婚融合程度比獨龍族人高。在宗教文化方面，通過傳教士的努力，大部分獨龍族人皈依基督教。這正如民國學者尹明德所感歎的：「今（1930年）沿邊野人入耶教者不少，兒童多能唱耶穌歌，英美人在野人山傳教，已大收效，蚩蚩邊氓，經此麻醉，已於不知不覺中而受其驅使矣。」[80]此時獨龍江西北岸之木克甘以下及狄子江以西，都被英緬殖民者佔領。而且，英國人修築人馬驛道到木克甘了，此地距離今天獨

78　〔英〕艾德蒙・R.利奇著，楊春宇、周歆紅譯：《緬甸高地諸政治體系——對克欽社會結構的一項研究》（北京市：商務印書館，2010年），頁67。

79　〔法〕施蒂恩・格羅斯著，周雲水譯：《族名政治：雲南西北部獨龍族的識別》，《世界民族》2010年第4期，頁68-77。

80　尹明德編：《雲南北界勘查記》（臺北市：成文出版社有限公司，1974年），頁87。

龍江鄉最南部村子欽蘭當只有 2 小時的路程，英人有時越過木克甘到達今天巴坡孟定一帶收稅。原夏瑚任命的總俅管袁裕才也因轄地被人佔領退回來被革職為平民。1935 年民族學家陶雲逵到達獨龍江調查獨龍族人的文面及體質情況，與袁裕才的兒子袁懷仁談到管理俅民的情形時，引用了袁懷仁的話：「歸中國管轄的俅子，約近千戶，北自喇卡塔，南至木刻戛，西至不考王河。」[81]這個管轄範圍和今天的行政區域相差不多了，也就是說今天中國境內的獨龍族人生存空間邊界自此形成了。袁懷仁還說：「自木刻戛以下，轉西至狄子江一帶，亦間有納稅者。」[82]這些俅民還向俅管繳稅，是為了感念夏瑚才這麼做的。但是，國民政府官員假借政令，對俅民收受苛稅和盤剝，導致這些俅民的心逐漸偏向英方。實際上，這是一種生存本能使然，作為生存群體，他們要考慮如何才能使自己生存下去。於是，在中緬未定界的情況下，這些俅民不斷擺蕩和周旋於不同政治勢力之間，以求得生存。

英緬殖民者對俅夷地的入侵，只是近代以來列強侵略中國領土的一個縮影，但是對於具體的獨龍江地區的人來說具有里程碑意義，即中央政府開始重視和經營獨龍江，因而獨龍族人的生存有了新的動力。

這一里程碑意義具體表現在三個方面：

第一，政府對俅夷地區的地形、民情調查活動增多。繼夏瑚之後，李根源受滇督李經羲委命籌辦防務交涉事宜，於宣統二年（1910 年）微服私訪，從昆明出發，走茶山舊墟，達恩梅開江支流小江流域，返回寫成《滇西兵要界務圖注》。該圖注除了有關軍事內容外，還記錄了沿途交通及社會情況，涉及當地的歷史事實。民國十

---

81 陶雲逵：〈俅江紀程〉，《西南邊疆》第14期，（成都市：成都西南邊疆研究社，1942年印行）。

82 同上。

九年（1930 年），國民政府委派騰沖人尹明德等組成勘查隊，成員包括滇籍的楊斌銓、王繼先。他們熟悉邊地人的語言和生活情形，喬裝易名深入中緬北段未定界之茶山、裏麻、孟養舊土司轄地，及麗江、維西所屬的浪速、俅夷各地，測繪地形、瞭解社會歷史與民情，歷經險阻，完成勘查任務，作成《雲南北界勘察記》一文。他們記錄的邊界政治歷史、人群居住情況方面的資料，為日後劃定國界提供了有力的證據。

　　第二，吸引科研人員前往獨龍江地區考察研究。1935 年，陶雲逵親赴滇西北，來到了被他事後稱為「令人引起濃厚興趣」的地方——俅江。在這裏，他和俅民相處了將近 1 個月。他為俅民測量體質，瞭解和記錄俅子的文面、宗教祭祀、族源傳說等歷史文化及社會生活狀況。3 年後，北平植物研究所余德濬研究員，踏著陶雲逵的足跡，在獨龍江度過了半年的時間；他在採集植物標本的同時體察了獨龍族人的生活，對他們產生了濃厚的興趣和同情心。隨後余德濬聯繫大理政治學校校長，將他的嚮導兼翻譯獨龍族人孔志清送到學校讀書。

　　第三，英緬殖民者不斷蠶食中緬未定界之俅夷地，令國人認識到邊疆的重要性，政府亦開始採取新的治理措施，以保未失之地。辛亥革命後的第二年，李根源在大理建立了「怒俅殖邊隊」，任命任宗熙為籌辦邊務委員長，景紹武、何澤遠為副委員長，各率隊進駐怒江，其中何澤遠負責貢山片區的開闢；設立菖蒲桶行政公署，派行政委員進駐。但是，這些漢官進入怒江之後，與當地少數民族隔閡很深，衝突和矛盾不少。所以，當局仍然授用舊土司行使收稅權，因為當地少數民族只服從土司管理，如果直接由漢官來管理，邊地的政治形勢將變得更加難以控制。菖蒲桶行政公署在建立之初，其委員和下屬借住在喇嘛寺裏，獨龍江流域仍然歸維西土司收稅管理。民國二十一年

（1932 年），菖蒲桶行政委員改設為貢山設治局，並在所轄地村落推廣保甲制度。獨龍江改新民鄉，全鄉劃分為 4 個保，每一行政村為一保，每一自然村為一甲；並任命當地獨龍族長為保長、甲長，負責替國民政府收納稅款，平時處理村社內的大小事務，保長 3 年一任。[83]至此，在獨龍江建立了一套比較完善的地方基層管理體系——設治局—鄉—保甲，加強了中央政府對地方控制的力度。同時期，設治局還將公安局設在獨龍江的孟當村，目的非常明顯，其一是阻擋英緬殖民者進一步侵入，其二是排擠北方察瓦龍領主在獨龍江的勢力。另外，根據當地缺糧的現實，設治局實行了儲糧備荒的策略。據《菖蒲桶志》記載：

> 菖屬設治二十年，並無顆粒積穀。各種夷人，不知節儉，一經糧熟，則任意煮酒，次年二三月，糧食即盡，由各處借糧充饑，借之不獲即忍饑耐餓，形容枯槁，詬面菜色，慘不忍睹。足食之家，全境不過數十戶。民國二十年秋，經楊作棟委員提倡積穀，由各區夷人每戶捐糧三升，漢人每戶捐糧一、二、三、四、五斗不等，分存一、二、三、四區。每至青黃不接之際，遂照定章，將積穀全數借與窮困人民，俟秋糧熟後照數收存，每斗酌加收利息二升，辦理未竣，楊委交卸。陳應昌委員到任後，賡續整理，嚴屬督促，並分委人員管理。現在各區均存有雜糧八九石，十四、十五石不等，加以遞年息率，不十年後可增至百餘石，以之備荒，自無不足，夷民可免飢饉之患。[84]

---

83 參見貢山獨龍族怒族自治縣志編纂委員會編：《貢山獨龍族怒族自治縣志》（北京市：民族出版社，2006年），頁9；高志英：《獨龍族社會文化與觀念嬗變研究》（昆明市，雲南人民出版社，2009年），頁52。

84 菖蒲桶行政委員公署編纂：《菖蒲桶志》，李道生主編：《怒江文史資料選輯》（第十

　　但是，獨龍江所在的五區並沒有實施這一措施，這說明國民黨當局對獨龍江並沒有完全控制。南有英國人的入侵，北有察瓦龍藏族領主的威脅，社會秩序無法保障，當局只能逐步推行這一措施。除了在治安、行政組織上確立了新的體系，民國二十年（1931年）設治局還設立了教育局。《菖蒲桶志》載：「在各區成立小學，每校漢夷學生定為30名，可增不可減，夷童書籍、伙食、衣服、筆墨，照舊由教育局供給。漢童學費，一律豁免」；「俅江小學校辦法，仍照怒江小學辦理，所需衣服、伙食、書籍、筆墨仍由教育局供給」。[85]由於當地少數民族視「讀書為畏途」，開設學堂之初，設治局多半是強迫當地小孩上學，當地人則選了那些孤兒或者奴僕來應對和充數。舊志記載，民國二十二年（1933年）獨龍江在孔孟建立1所小學，但沒有相關的資料證明這所學校的存在，當地老年人也沒有相關的記憶。實際上其它地區開辦的學校也是由於經費困難、師資缺乏以及教育方法不當，經常處於時辦時停的狀態；只有貢山小學，受雲南省教育廳捐助，學校規模較大，在培養地方人才方面頗有成效。來自獨龍江的黎明義和孔志清都在該學校接受了小學教育，但兩人的家庭出身和讀書的初衷卻有天壤之別。黎明義是孤兒，為了完成縣府定的學員名額，被族人強行送進貢山讀書；而孔志清是獨龍江頭人的兒子，為了學習外面的知識由家長主動送來求學。之後，他們在學校讀書的經歷，也改變了兩人後來的人生命運；新中國成立後，他們都成為民族精英——國家基層幹部，參與獨龍江社會各方面的建設。

　　在商貿方面，隨著設治局的成立，內地漢人及商販也進入了貢山。他們帶來土布、棉線、茶鹽與邊民交易，形成定期的集市——

八輯），政協雲南省貢山獨龍族怒族自治縣委員會、政協雲南省怒江傈僳族自治州委員會文史資料委員會1991年刊印，頁27。
85 同上，頁32。

「藥會」。到了民國後期，貢山已成為滇西北滇藏邊緣地帶的一個貿易中心；察瓦龍、獨龍江及附近的藥材、山貨等物品集聚到貢山，使之成為第一交易市場。獨龍江西部高山上豐富的藥材資源，成為外商進入獨龍江的主要驅動力。隨著藥材貿易的發展，對藥材原產地控制權的爭奪也越來越激烈，以致20世紀30年代發生了獨龍族人抵抗察瓦龍領主的事件。同時，貢山在地區商貿中的地位逐漸吸引獨龍族人出來參與交易；對於獨龍族人來說，參與交易也豐富了獲取生活所需物資的管道。前面多次提到，獨龍族人生存所需的糧食、鹽布貨都仰賴外界輸入，一旦貢山當局對資源的控制力增強，獨龍族人對貢山國民黨當局的依賴性也就增加。

概而言之，在英緬殖民者入侵俅夷地的逼迫下，中國政府採取了新的治理策略，國家權力下移到怒江兩岸，貢山縣府逐漸成為地方最有實力的一方，最終取代了維西土司在獨龍江的統治權。在民國二十一年（1932年）左右，基本確定了中國政府和英緬殖民者在俅夷地的控制線，獨龍江兩岸的獨龍族人與他們傳說中的「西部兄弟」逐漸被納入了不同的政治經濟體系，獲得了不同的生存空間，開始了不同的歷史過程。經過學者、軍事勘查人的調查報告，政府和國人瞭解到中國存在獨龍江這麼一塊區域和區域上的人民；而獨特的歷史文化和自然資源也令獨龍江成為備受關注的地區。在這種複雜的背景下，獨龍族人與外部的接觸越來越頻繁，在生產方式上出現新的轉變，一些專門用於交換的捕獵和挖掘活動產生，一些善於經營的人成為富有者，有些頭人則成為政治能人。一些頭人產生了族群意識，他們主動參與到外部活動中，希望能夠改變族人的命運。而且在內外因素的影響下，這種參與是多維度的，包括藥材皮貨交易、接受新式教育以及鄉村一級的管理。正因為如此，在民族國家發展進程中，獨龍江的生存環境和生存條件越來越有利於獨龍族人。

二　族名界定及國家的援助

1949 年 10 月，中國共產黨領導人毛澤東在北京宣佈成立中華人民共和國，至此，以毛澤東為領導核心的共產黨成為新中國的執政黨；同年年底，貢山和平解放。此時，在獨龍江家中有些擔心的頭人孔志清接到了老同學和耕的來信，而和耕是新貢山的領導人之一，他希望孔志清出山共同商討有關獨龍江的解放工作事宜。孔志清來到貢山後，接受了和耕的一套中山裝和新的思想。另外，解放軍第十四軍某團的團長在準備進入察瓦龍藏族聚居區之前，專門和孔志清等獨龍江代表進行了座談；隨後向孔志清贈送了一頭小牛、一些茶葉及鹽巴，同時還送給他一本《中國人民政治協商會議共同綱領》的小冊子，希望他回到獨龍江後，向獨龍族人民宣傳共產黨的政策，以穩定社會秩序。

孔志清接受共產黨在貢山的軍政幹部贈送的物資（如鹽茶及衣服）及其新的思想和任務的過程具有傳統的地方特色，就像以往的統治者委任獨龍族頭人一樣，但是這一次，共產黨的領導人並沒有找其它民族的頭人來擔任「俅管」，也不再進行設段分治。新的統治者希望孔志清回到獨龍江，動員當地居民凝聚成新的共同體。這既是新統治者希望他做的工作，也是歷史賦予他的使命。從這一刻起，他和獨龍族人的命運就綁在一起了。

1952 年，孔志清作為獨龍江人民的代表到北京參觀。其間，孔志清與周恩來總理的一段對話，首次出現了「獨龍族」族稱的提法。在之後的民族識別過程中，學者從歷史文化和語言上考察，認為貢山的怒子與獨龍江的俅子具有同源性，以往使用不同的稱呼是隨居住地

名的不同而取的，建議使用同一個族稱。[86] 1964 年第二次全國人口普查中，獨龍族作為單一民族以正式的合法身份公開了。[87]也就是說，最後在怒子和俅子的界定中，「獨龍族」成為國家認定的合法族稱。這是自稱「獨龍族」的頭人孔志清不斷與新政權互動帶來的影響。從此，在獨龍江流域居住的人群，獨龍族成為他們唯一合法的民族身份。1956 年 10 月，貢山獨龍族怒族自治縣成立，孔志清當選為第一任縣長。這意味著新的民族身份政治利益進入了實踐階段。

民族識別工作和民族身份的界定，是民族歷史文化與政治結合的過程。它的最終目標是使中國共產黨的民族政策得到落實，包括每個民族享受平等的權利、參與新政權的管理，即享受民族區域自治的權利。正如參與這一民族識別工作的民族學家林耀華揭示的：「民族身份確定後，國家用法律形式規定下來，幫助他們充分享受民族平等和民族區域自治的權利，發揮他們在祖國社會主義革命和建設中的積極性。」[88]貢山自治縣的成立，以及孔志清擔任縣長及全國人大代表，標誌著這一民族政策的具體實踐，從而與舊社會的政策有了本質的區別，在滇西北邊緣地區各民族之間，重新確立權利與財產關係。

獨龍江地區的居民有了共同族稱，也就意味著與其餘居住在中緬未定界地區的俅人有了政治上的邊界。當地理上的國界最終在 1962 年確定下來，分佈在國界兩邊的居民雖然有了不同的族名和政治身份，但無法隔斷歷史形成的親緣關係。

獨龍江流域中緬兩國分界線的勘查與確定，當地獨龍族人都參與

---

86 《雲南省民族識別報告》（1954年），雲南省編輯組《雲南少數民族社會歷史調查資料彙編》（三）（昆明市：雲南人民出版社，1987年），頁12。

87 參見黃光學、施聯朱主編：《中國的民族識別：56個民族的來歷》（北京市：民族出版社，2005年），頁109。

88 林耀華：《中國西南地區的民族識別》，雲南省編輯組編：《雲南少數民族社會歷史調查資料彙編》（三）（昆明市：雲南人民出版社，1987年），頁1。

了這一過程。當時，一些獨龍族人充當了嚮導和背夫，而像伊裏亞這
樣的民族精英直接參與了邊界問題的會談。據他回憶：

> 1956年冬，我參加「全國少數民族國慶觀禮團」，從首都北京
> 回到麗江，再從麗江回到貢山。經過巨甸時，接到麗江專區電
> 話通知，重新返回麗江。周總理要在芒市與緬甸官方舉行中緬
> 邊界問題會談，邀請中緬邊界一線各族知名人士一同參加座談
> 會。我們坐車到下關，然後由大理白族自治州委派車送我們到
> 保山。到達芒市的第二天，總理與雲南省長郭影秋、省民委主
> 任王連芳一同來到芒市。緬甸方派來了政府副總理吳巴順和夫
> 人，還有司令耐溫將軍等高級官員。
>
> 座談會上，我與瀘水縣段承經一組，緬方有四人都是軍隊幹
> 部。座談會前，負責同志反覆交代，要我們多談歷史上中緬的
> 波胞感情。我談了自己對中緬邊界北段的看法。我說：「當年
> 在獨龍江頭人孟當納掛當事時期，曾管轄到木克嘎以下兩個驛
> 站的登肯當地方；貢山袁裕才俅管當事時期，曾管理到迪子江
> 畔，還任命了那裏的頭人尼布肯管理王慶當、布甲蘭以上的地
> 方，吉娜朋登管理布蘭崗以上的地方，麻布必利朋管理迪子江
> 強口以下的地方。英國人來了搶去了這些地方。現在，我們要
> 友好和氣地商量，世代做友好的鄰邦。」[89]

　　從伊裏亞的回憶中，可以看出當時中緬邊界是在平等友好基礎上
協商劃定的，以維繫歷史上建立起來的「波胞」兄弟關係。獨龍族人

---

89 伊裏亞：《參加芒市中緬邊界座談會議的回憶》，李道生主編：《怒江文史資料選輯》
　　（第十八輯），政協雲南省貢山獨龍族怒族自治縣委員會、政協雲南省怒江傈僳族
　　自治州委員會文史資料委員會1991年刊印，頁139。

「兄弟分族」和「兄弟分居」的故事，也詮釋了邊界兩邊的人具有「波胞」關係。伊裏亞強調了中緬未定界歷史上的管轄情況，意在說明此地區與中央政府的關係。但是，為了維繫「波胞」關係，只能將邊界線確定在英緬入侵的地方，大部分俅夷地劃入緬甸，而在這些地區的俅人也成為緬甸國籍的人，他們亦在各支系宗教領袖協商下，有了「日旺族」的統稱。[90]

但是，在 20 世紀 50 年代末期，隨著全國性的政治運動席卷到邊地獨龍江時，邊界兩岸出現了波動。一些擔心被禍及的獨龍族人紛紛投靠到緬甸的親屬家庭，緬甸軍方也趁亂侵犯獨龍江，所幸被擊退。這些逃到緬甸的人大部分是南部基督教徒，這在我們的訪談中也提及過，在南部巴坡以下的村落，大部分村民與緬甸的日旺人有親緣關係。另外，在新政權還未穩固時期，中緬邊界還未正式劃定，獨龍族人仍然存在著搖擺態度。不過，大部分人在以後的日子裏都陸續返回了。這是因為隨著中國政局的穩定，少數民族區域自治政策和國家的援助逐漸得到了實現，因而吸引了獨龍族人的回遷。在這個過程中，獨龍族人增強了對國家的認同。

新舊制度對獨龍族人生存環境的影響有著明顯的差異。在1949 年以前，獨龍族人因為生存物資仰賴外部的輸入，與周邊的強權和統治者的關係是建立在債務基礎上的不平等關係，因為欠債，獨龍族人必須依附某個勢力和統治者才能生活下去；而在新中國成立後，共產黨人確立了民族平等和各少數民族享有區域自治的權利，同時國家的領導人帶著「還債」的姿態，整合各種力量，源源不斷地支持獨龍江人民建設新的美好生活。

---

90 參見楊將領、李金明：〈中、緬跨界獨龍族：自稱與他稱釋義〉，《世界民族》2010
 年第4期，頁78-83。

　　新政權一開始就把基層權力機構建立在獨龍江，隨著在各村建立黨支部和村民委員會，國家權力下移到了每個行政村。於是，國家的控制力加強了，同時在組織和動員獨龍族人改造新生活的過程中，起到了領導核心的作用。

　　正如在第一章所提到的，任何一個專案在獨龍江地區的推廣都依賴於地方幹部的引導和帶頭示範，在政府和村民之間，鄉村幹部的作用非常明顯。具體而言，國家為了改變獨龍江的生存條件，從開挖水田、修建馬幫驛道和修通公路到對電視通信、住房等生活基礎設施都做了改善。

　　在獨龍江兩岸開挖水田，確實改變了過去單一的刀耕火種生產方式；另外，大量田地的開墾，也改變了人們流動的居住模式，新的定居點和村落的形成，亦有利於管理和提升凝聚力。但是，獨龍江特有的峽谷地貌和稀少的可耕地，導致糧食不足，缺糧仍然是獨龍族人生存與發展的最大障礙。即納入新中國政權體系後，獨龍江居民生活所需的大部分物資和糧食仍然要靠外界輸入。因此，獨龍江與外界溝通的交通線就非常重要，它可以說是獨龍族人的生命線。

　　1964 年貢山到獨龍江的人馬驛道修通了，而在這之前，所有運送物資全靠人力背送。據《貢山獨龍族怒族自治縣志》記載，在1953 年至 1964 年的 11 年中，縣政府調撥給獨龍江的糧油達 28.5 萬公斤，年均 2.38 萬公斤，人均負荷 25 公斤，年需 80 個強壯勞動力連續揹運 4 個月才能完成集運糧油的計劃。[91] 1964 年後，政府組建了「國家馬幫」，每年運送 600 噸左右的糧食和其它生產、生活物資進入獨龍江，以保證獨龍族人的基本生活正常進行。這種運送模式直

91　參見貢山獨龍族怒族自治縣志編纂委員會編：《貢山獨龍族怒族自治縣志》（北京市：民族出版社，2006年），頁347-348。

到 1999 年修通了貢山到獨龍江鄉的公路才結束。這條獨龍族人的生命線是在國家領導人直接關注下修通的。今天，在獨龍江鄉政府所在地孔目的一塊廣場上立著一座石碑，上面鐫刻著時任中共中央總書記江澤民的題詞：「建設好獨龍江公路，促進怒江經濟發展。」這說明公路建設與獨龍江社會經濟緊密聯繫在一起，而這個項目的完成過程則體現了國家對邊疆少數民族的政策。當前，國家仍然強有力地支持地方政府修通隧道，穿越海拔 4,000 多公尺的高黎貢山，以改變半年封山的狀況。

在修建交通路線的同時，國家也在改造獨龍江地區的生產模式。新中國成立後，曾開墾出 800 多畝的新田地，同時也引進了牛耕技術，但是產量仍然低下，獨龍族人還要靠開種火山地來增加糧食收穫，缺糧問題仍然沒有完全解決。1998 年，時任中共雲南省委書記令狐安帶著下屬官員徒步到獨龍江，通過親身體驗和調研，強調獨龍江和獨龍族是中國的一部分，「獨龍江鄉再邊遠偏僻，也是祖國壯麗河山不可分割的一部分，獨龍族人民再遠離內地，也是祖國 56 個民族大家庭裏不可缺少的成員」；進而提出了獨龍江鄉發展的新思路，「保護與開放並重，全面退耕還林，加快畜牧業發展，以草養畜，以畜換糧」。[92] 在此之後，幾百年來一直延續的刀耕火種生產方式結束了，國家每年給每個獨龍族人提供 185 公斤大米以換取獨龍江的生態，而獨龍牛的養殖也作為政府推進的新發展專案。令狐安被認為是繼清末夏瑚之後進入獨龍江走訪的級別最高的中央政府官員，確實對地方社會的經濟建設產生了很大的影響。2010 年，獨龍江鄉被列入雲南省扶貧開發整鄉推進試點名單，上海也啟動了對口幫扶工作。截

---

92 轉引自尹善龍：〈山高水長隔不斷：中共雲南省委書記令狐安徒步深入獨龍江鄉調研散記〉，《民族工作》1999 年第1期。

至目前，包括安居溫飽、基礎設施、產業發展、素質提高、社會事業發展、生態環境保護與建設的六大工程已累計完成投資 6.12 億元，獨龍江正處於國家設想的完美生活專案的實施之中。

　　從滇西北的歷史脈絡中，不難發現獨龍江地區早期處於自成部落的社會，明清兩季成為吐蕃和納西軍事集團爭奪控制的區域。當朝廷的權力逐漸滲透到邊疆地區，地方權勢反而成為其在邊地的政治代理人。民國後期到中華人民共和國時期，國家力量代替了地方勢力，在當地直接設立了權力機構進行管理。本章意在闡明國家權力在向邊疆地區滲透過程中，中央與地方社會的互動如何影響了獨龍族人的生存策略。處於政治邊緣地位的獨龍族人，一方面受到了周邊強勢組織的政治、經濟壓力，同時也有了周旋的空間。在這個過程中，獨龍族內部的人群和村落被劃分成兩部分或者更多部分，形成多重勢力的疊壓狀態，他們的宗教文化因此而受影響。但是，在外來壓力增強時，內部社會組織如頭人制度卻得到了發展。這是獨龍族人與統治者互動而導致的與之相對應的生存策略。獨龍族群體內部成員來源具有多元性，並非都是本土居民，有的是因逃避戰亂或掠奪而遷入獨龍江者，後者是為躲避來自傈僳族、藏族強人和土匪的威脅，並非是地方權力機構和國家的代理人。雍正初年的「主動求納」事件和「弟兄分族」神話以及「東方為正統」的觀念，反映了獨龍族人主動尋求與國家及其代理人聯繫和獲得庇護。獨龍族人與國家的聯繫，和中央對邊疆治理政策以及邊疆社會性質相關，並具有自己的歷史獨特性，不能單純地認為他們想逃離國家的統治或者主動接受統治。而造成 20 世紀上半葉之前的這種生存政治狀況，並不能忽略中央王朝的影響和存在；相反，在中央與地方社會遞次層級的權力結構中，獨龍族人理性選擇的策略更加凸顯，已經超越了獨龍族社會與中央雙邊的互動關係。

　　中華人民共和國成立之後，獨龍族社會發展的動力來源於國家的

各種發展規劃專案。這時期的國家性質與過去的王朝時代和民國時期都有著本質的區別，至少在獨龍族人的政治地位和經濟利益方面，新時期的獨龍族人比過去有更多機會參與管理地方事務，也比過去有了更多的管道從國家和各級政府獲得生存資源。由於獨龍江獨特的地理政治位置，政府不可能無視獨龍族人的訴求和發展現狀。因此，有了20世紀五六十年代的社會改造運動，以及80年代以來的各項發展名目的實施。在這個過程中，獨龍族人與國家權力組織的聯繫越來越緊密，改變了1949年以前與周邊各種權力機構和族群的動態多邊關係。這一時期，中央與地方的互動關係不同於以往任何一個朝代，作為邊境地區上國家合法化的民族之一，他們直接從國家的政策中獲得了生存空間和發展的機遇。這種受惠看似國家對地方社會的單向關係，實際上，如果沒有地方獨龍族人強有力的政治精英，也不可能獲得這麼多援助和項目支持，否則將無法理解同樣生活在邊境地區的其它少數民族在國家那裏獲得的關注和重視程度的差異性。另外，國家對獨龍族人實施援助和改善生活條件的種種措施中，各種物資是由地方政府控制和支配的，即地方精英參與了物資的分配和項目的制定與實施，他們與國家各級政府良性互動，推動了地方社會的有序發展。

結論
互動、交換與適應產生的動力學詮釋

　　人類生存所需的基本物質條件包括食物、土地和安全保障。圍繞著這三個要素，不同地區的人群必然與自然和社會發生互動關係。在與自然環境的互動中，人們通過一定的技術生產與掠奪，以獲取群體人口所需要的食物。由於一個地方的自然環境能提供的糧食和獵物是有限的，群體還不斷與其它有著類似需求的鄰近人群進行交換或發動戰爭來取得土地、人口和食物，形成區域群體之間競爭、互惠、共生的多重關係。與此同時，群體自身通過某種方式建立一套觀念和社會秩序體系，組織和動員成員去生產、獲取食物，或者發起軍事行動和遠距離貿易。而在自然生活中形成的習俗、宗教觀念則約束並規範著群體成員的行為。這也是人們不斷爭取適當的生存環境、解決生存難題的活動過程。因生存自然環境、與周邊的族群關係和外部政治經濟環境不同，每個生存群體採取的生存方式、適應策略也是不相同的，因而每個人群所獲得的生存的動力因素也具有多元化特點。獨龍族人與其它弱小的邊緣群體一樣，生存與發展是其漫長歷史中的主題。本書提出了獨龍族人生存歷史過程中的幾種動力模式，意在揭示獨龍族作為主體，在強大的生存壓力下如何建立、維繫與周邊民族以及中央政府之間的互動關係。對一個人群或者民族而言，生存之道是一個複雜的政治經濟過程，各種生存的動力要素之間互相關聯。

一　基於生態環境基礎上的生存動力

　　充足的食物和安全的住所是人類生存和繁衍最基礎的兩種必備因素。獨龍江峽谷地帶和自然條件，滿足了獨龍族人生存需要的基本物質環境。他們以家族為紐帶，常年穿梭在密林和高山草原中尋找獵物，直到雨季結束。接著他們要砍倒並焚燒一片水冬瓜樹，以便在下年雨季來臨之前完成播種工作。這就是早期獨龍族人的生存技術，即用一種混合了輪歇耕作農業和搜食活動的方式以獲取生存需要的食物。在這種自然環境下，粗耕式的生產和搜食活動互為補充，任何一項單獨活動都不能提供足夠的糧食和肉食。與這種生存經濟活動相對應的是鬆散的血緣家族組織制度和流動的居住模式，家族成為生產和社會構成的基本單位，自然形成的頭人卡桑一方面組織族人生產和狩獵，另一方面還要處理家族內外的事務。一個家族內部成員之間共用食物及其土地，同時還要建立起互惠互助的依賴關係，以應對饑荒和突如其來的厄運，使族群得以不斷繁衍和發展。簡而言之，上述獨龍族人的生存經濟活動和人群組織方式，即是獨龍族人與自然環境長期互動調適的結果。輪歇耕作方式並非一無是處，在獨龍江峽谷脆弱的地表、氣候和社會條件下，輪作也是理性、高效率和可持續的技術。

　　本書認為，獨龍族人與當地自然環境之間聯繫緊密，在生存實踐中建立互惠性的辯證關係，因此，人與自然不能分割，不能「唯技術論」。人、環境與技術構成相互關聯的適應機制，揭示了獨龍族人在長期與自然接觸中，感知和摸索出一套從自然界植物裏辨識、採集和加工成可食用澱粉的有用的知識系統。獨龍族人習慣吃蕎、黍、稗等雜糧穀物，來自森林和叢草中的可食用植物源，也一直是獨龍族人食譜中重要的補充，如董棕、野百合等野生可食用植物。但隨著與外界溝通的加強，食物結構隨之改變。1949 年後，國家農業部門推廣如

水稻、大棚蔬菜等種植項目之後，野生的食物逐漸被其它食物取代。斯圖爾德在闡釋文化進化中強調了技術的重要性。他依據美洲大盆地印第安人的民族志指出，環境資源是否有用取決於人的技術高低。然而，獨龍江的生產歷史表明，環境限制才是最重要的，獨龍江一度引進代表先進技術的農耕以及大力開墾水田播種水稻，但實際上糧食產量雖有所提高，卻仍然不能解決缺糧的問題。在假設獨龍江社會的封閉性前提下，斯圖爾德等人的「技術決定論」在這裏亦無法解釋獨龍族人與外界群體之間的權利關係和貿易交換的情形。另外，獨龍江峽谷的地形、垂直氣候的生態體系並沒有決定獨龍族社會變遷的方向，只是作為限制因素和前提條件影響人們選擇何種方式來生存與發展。比如，獨龍族選擇或放棄刀耕火種的適應策略，是獨龍江與北部和東部地區的聯繫推動的，即輸入刀、斧之類的鐵器才使刀耕火種成為可能。中央權力滲透以後，政府的定居政策、生態保護的措施也是重要的外在影響因素。

　　同時，獨龍江半封閉的地理條件，成為弱勢群體避難的生存空間。獨龍江兩岸的人群是由不同的氏族後代構成的，他們出於生計（如出獵、游耕）和逃難而遷移到獨龍江流域。通過外婚制和共用食物的文化原則，來自不同世系的分散的人群聯繫起來。這是他們的生存選擇策略，亦是日後他們形成一個民族共同體的歷史根基。但這不意味著獨龍族人能夠逃離國家的控制或者不願意接受更大的政治體系的統治。由於糧食生產無法滿足獨龍族人自身的需求，糧食的短缺和需求，加上「鹽、布匹、鐵製工具」皆仰賴外部輸入，這種境況下，獨龍族人必然要和外部世界聯繫，也意味著獨龍江必然成為世界的一部分。他們要通過其它管道來滿足生計的需求，如此推動單一群體成員與更大的社會單位和經濟組織發生聯繫。

　　人與環境的關係，並不單純是索取和提供食物資源的對立關係。

分享、互惠的觀念是獨龍族人文化特點之一，這種觀念源於狩獵活動中對自然世界的理解，並通過生產和各種祭祀儀式塑造了群體的價值觀念和行為準則。無處不在的交換活動以互惠為原則，這是群體成員彼此依賴與合作的前提，也是構建社會網路的基礎。獨龍族人生活物資稀缺，依靠群體合作與互惠交換，解決缺糧及勞動力不足的問題，因而社會單位中的群體成員之間依賴性比較強。正如埃里克・沃爾夫所言，作為事物、行為以及觀念的「決定性組織方式」的文化形式，在支配人類互動方面扮演著醒目的角色。[1]獨龍族人與本家族之外的人互動時，通過建立「本南」關係，仍然可以維持原來的互惠原則。但是，當遭遇到另外一個社會體系的人時，獨龍族人試圖用原來的方式去交換物品，而由於兩者之間的親密程度、等級發生了變化，也就產生了與獨龍族人期望相反的結果，即薩林斯提出的「消極的互惠關係」模式。在這種模式支配下，清末至民國期間，獨龍族人成為藏族領主、納西族土司任意支配和控制的對象。後者佔有生存物質資源，在內部實行著與獨龍族社會不一樣的生產方式，即基於農奴制基礎之上的「貢賦式生產方式」。兩種類型的生產方式相聯結，主要表現在納貢和貿易中。在交換過程中，處於權力等級邊緣的獨龍族人，總是成為債務的犧牲者，他們要為還債而輸出勞動力以及失去人身自由權，一些債務甚至確認了他們在政治上依附於這些統治者的正當性。

　　從長時段的歷史視角看，本書認為獨龍江流域豐富的自然資源和獨特的地理封閉性，成為獨龍族人最初的生存根基和生存空間；與生存環境密切聯繫的一套有關宗教觀念、生產技術和獲取食物的認知體系，為獨龍族人提供瞭解釋世界秩序的宇宙觀和生存的物質基礎；而

1　參見〔美〕埃里克・沃爾夫著，趙丙祥、劉傳珠、楊玉靜譯：《歐洲與沒有歷史的人民》（上海市：上海人民出版社，2006年），頁27。

通過食物分享和互惠性交換以及外婚制，獨龍族人找到了人群結合和社會網路擴展的方式。以上要素構成了獨龍族人適應該生存領域的原動力，在此基礎上，隨著獨龍族人更多地與外部政治經濟環境聯繫和互動，又不斷產生新的動力和發展方向。

二　獨龍江內外不同社會體系互動產生的動力

誠如王明珂研究羌族給我們的啟示，從邊緣看中心的研究視角有助於我們理解獨龍族人的宇宙秩序觀念。位於國家邊陲的獨龍江的獨龍族人在「兄弟故事」中將東方漢族人視為「老大哥」，漢族人是統治者以及他們建立的政權是宇宙秩序的中心，以此來表達獨龍族人屬於這個政治秩序體系中的一部分。但是，「老大哥」的身份和族屬並非固定的、靜止的符號，有一些獨龍族人的「老大哥」是來自北部的藏族人。以獨龍族人為中心來考察獨龍族人與漢族、藏族的關係，這種政治文化反映了獨龍族人與周邊族群的政治權利、經濟文化的互動關係。另外，獨龍族人眼中的漢族人是個混雜的群體，它既包括了漢民族，也指稱來自怒江以外的那些接受儒家文化及歸附於中央政權統治的人群，如納西族人、大理民家人等。瀾滄江東岸的納西族土司成為朝廷在滇西北的代理人，獨龍族人通過歸附納西族土司成為朝廷的一部分。土司向朝廷納貢是邊疆土人獲得王朝庇護和權威的途徑，土司又將這種人與物維繫起來的關係模式推廣到更加偏遠地帶。在多重結構權體系下，獨龍族人成為最邊緣的部分，同時與中央的聯繫是他們取得鹽巴、布貨等生活物資的一個重要管道。對於獨龍江地區的人來說，與維西納西族土司和菖蒲桶喇嘛寺相對的另一個權力中心，是位於獨龍江北部的察瓦龍地區。這兩個地方政權相同之處在於均以農奴制為基礎，信奉藏傳佛教，都有強烈的政治野心，並通過納貢和貿

易方式將觸角伸到了獨龍江流域及更偏遠的西部。處於政治統治真空的獨龍江流域成為兩大強權爭奪的地帶，最後博弈的結果是分段而治，獨龍江上江屬於察瓦龍藏族領主管轄，下江和西部俅夷地歸納西族土司的管轄。但這只是表面上的妥協，實際上代表土司勢力的菖蒲桶喇嘛寺宣稱在全境內擁有解決訴訟糾紛以及收稅權。

政治經濟學研究認為，中心地區對邊緣地帶的支配和影響力是主導性的。埃里克・沃爾夫在《歐洲與沒有歷史的人民》一書中將「土著人」置於社會與文化的歷史主體地位，但他更多的是強調外部世界對土著人的影響，這仍然在世界體系理論的「衝擊—反應」框架之中。我們在獨龍族人的政治社會史中不難發現相反的例子。獨龍族人在 1949 年以前，受到周邊族群和朝廷的統治，在權力結構中處於最低端，在與外部世界經濟、文化的互動活動中，受到結構性權力的制約和影響。在這樣的政治環境下，獨龍族人依靠獨龍江的條件和內部秩序的「運行規則」，尋找到生存的空間和力量。

在獨龍江地區，對獨龍族人最大的安全威脅來自於南部的傈僳族強人和蓄奴主的搶劫，以及北部地方來自云南西北部與西藏交界處的藏族武裝土匪的掠奪和侵擾。面對安全威脅，一些人選擇往西部密林中遷居，一些人則依附藏族領主或者維西土司以求庇護。藏族領主或者維西土司以合法統治者自居，提供牛、鹽等生存物資，並擔當糾紛和命案的調解方。到了清末至民國年間，獨龍江周圍的地方統治權受到了來自中央政權的削弱，畢竟前者的「權威性資源」來自於後者，只是他們趁中央權力還沒有在獨龍江紮根時仍然採用過去的辦法——收稅、放貸鹽貨來維持自身的地位。這時候，獨龍族人則會尋求代表正統的貢山設治局的幫助，擺脫地方勢力的控制和支配——而將維西土司、藏族領主一如既往的稅收與貿易視為是對獨龍族人的剝削和壓榨，所以才有了獨龍族人聯合怒族人反抗察瓦龍藏族領主稅收的事

件。但是，從另一個角度看，獨龍族人所處的政治環境為多重政治權利交匯且邊界模糊地帶，才使獨龍族人在政治上不斷搖擺於各種勢力之間。這種在政治上的搖擺性，也說明了周邊政治集團並不能完全滿足獨龍族人生存所需的物資和條件，一旦出現了新的勢力並且能夠提供更好的條件，獨龍族人自會做出新的選擇而歸附於新勢力。20世紀 50 年代，獨龍江地區很多人跑到邊境的另一邊，除了部分人受他人蠱惑外，大部分人出逃的目的是為了躲避政治風暴和追求更大的物質利益；而後隨著獨龍江地區政局的穩定，國家援助的物資越來越多，當地生活有了明顯的改善，邊境另一邊的獨龍族人又回歸獨龍江。這也就是為什麼當前中央和地方政府將獨龍江地區的經濟開發和民生的改善作為一項政治任務來完成。各級領導也意識到了這一點，只有獨龍江兩岸的人民過上安定富足的生活，才可能實現邊境的穩定和增強當地人對國家的認同感。

　　沃爾夫在《歐洲與沒有歷史的人民》一書中提供了全球視野研究方法，但他對「土著」（非西方）文化所具有的能動性和獨立性強調不夠。正如前文所言，獨龍族人與外部世界互動關係中具有能動性和功利性的特點。這與它自身的生產力低下、糧食不能自足以及周邊的政治環境互為關聯。沃爾夫對生產方式的定義，即一組特殊的、歷史地發生的社會關係，人們藉此以工具、技巧、組織及知識為手段實施勞動以從自然界獲取能量，以及人類社會存在的三種不同生產方式的分類模式，我們認為獨龍族人和納西族土司以及藏族領主所屬的生產方式分別是——親屬制生產方式和貢賦制生產方式。換言之，獨龍族人與統治者的互動和接觸，使得存在於滇西北、滇藏邊緣地帶的兩種不同生產方式發生了聯結。之所以發生聯繫，其最大動力來源於親屬制生產方式和貢賦制生產方式的內在結構矛盾。具體而言，一方面，獨龍族人主動拿自己的山貨與藏族領主或者納西族土司交換鹽巴和鐵

器等生活用品，甚至去換取牛這樣的珍貴物品；另一方面，領主和土司為了積累財富和擴張權勢，增加農奴數量，不斷擴張控制的領土，最後通過職權和貿易網路控制了獨龍江流域。在貿易過程中，伴隨著結構性權力帶來的不等價交換（即獨龍江的山貨價低而領主和土司的鹽貨價高），獨龍族人產生了債務，並最後發展為以人抵債的結局。這恰恰是領主和土司所期望的結果，這樣他們的莊園便有了勞動力來源。

清乾隆時期，納西族土司放鹽貸「不償還者，即折算人口」的做法引起了朝廷的注意，朝廷下令取消這種交易。而在察瓦龍藏族聚居區，直到 1949 年才終止以「鹽牛換人口」的交易。這些記載和歷史事實便是兩種生產方式相遇時所發生的情況。但是，法國學者施蒂恩的研究和我們在獨龍江、察瓦龍所做的民族志調查發現，那些被賣為藏族領主的「農奴」的人，其生活狀況並非如人們所設想的那麼悲慘，至少他們有最低限度的吃穿保障，碰上心地好的農奴主，其生活待遇不會比在獨龍江時差。另外，被抵債或者賣到察瓦龍的人，其在自身社會結構中屬於被拋棄和邊緣的人群，如孤兒、有命案在身的人、偷盜者等被剝奪了社會成員身份的人，因此到了察瓦龍，他們雖然沒有人身自由和社會地位，但能生存下來。鑒於此，不少貧困的獨龍族人，在缺糧饑荒季節，主動到察瓦龍求附於農奴主（領主）。這些事實，反過來說明了外部社會帶來的影響既是獨龍江人民苦難的根源，也是其生存希望之所在。

獨龍族人和外界的交流和接觸，構成了社會體系不同層次的互動系統。獨龍江流域物資稀缺，這導致在清朝和民國年間，佔有資源如鹽茶、糧米、布貨和鐵器等生活生產用具，以及掌握物資調配權，成為統治者和富商能夠支配和統治獨龍江的根基。最初獨龍族的頭人翻越高黎貢山來到東部向統治者納貢，得到土司的酒肉招待，返回時又

受贈鹽布等物。而土司也每年派人到中原，向朝廷呈獻來自邊疆的珍寶財禮，他們從朝廷那裏獲得豐厚的回報，並被賦予了地方統治權。這屬於在中心與邊緣的權力框架下的資源配置體系。獨龍族頭人回到獨龍江後，這些物資作為特別的禮物，通過舉辦宴席饋贈的方式再次分配，或者通過「本南」交換制度將物資在獨龍江流域重新分配。這一不同層次、跨越單一社會體系的物品流動過程，體現著互惠原則和交換的義務性。借用薩林斯對交換中的互惠性的分類[2]，獨龍族人社會內部的再次分配充滿了平等主義和「慷慨的互惠」，互惠性根據交換雙方的親疏距離對應從「慷慨」到「等價」的互惠交換。在獨龍族人與其周邊的強勢族群和統治者發生交換時，由於雙方的關係不對等，交換過程即產生「消極互惠」關係。獨龍族人為此不得不依附於後者，而後者從獨龍族人那裏攫取了更多的資源。獨龍族人通過物品的交換、朝貢等方式，建立了不同層次的區域體系，在他們與更大的體繫聯結時，總是伴隨著不均衡的權利關係產生。在這種視野下，分配、交換過程中的互惠性也具有多層含義，但是保持著義務性的原則。對於獨龍族人而言，與國家各層次的權力機構之間動態性的互動，是參與稀缺物質分配的前提，以此才能在交換互動中求得生存的能量；而文化觀念因素和外界政治力量的介入，使他們交換的性質變得更加複雜化。

三　文化調適：不同社會歷史時期的生存機制

與其它群體一樣，獨龍族人為了獲取生存需要的物資和條件，必然要與自然和社會進行長期的互動。辯證地互動是獨龍族人不斷調適

2　參見〔美〕馬歇爾‧薩林斯著，，張經緯、鄭少雄、張帆譯：《石器時代經濟學》（北京市：生活‧讀書‧新知三聯書店，2009年），頁224-225。

平衡的過程，也就是適應社會文化的過程。

　　牛是獨龍族人表達財富和聲望的象徵物，以牛作為結婚的聘禮屬於最高級的禮物。但是，獨龍江兩岸潮濕的叢林和陡峭的坡地上難以進行規模化的養殖，獨龍族人也不善於飼養牛類，牛肉亦是稀缺品和奢侈物。以祭祀鬼神為主題的剽牛儀式「投榮哇」，最後演變成了一場集體聚餐的節慶活動。從這個意義上看，牛和牛肉鑲嵌到獨龍族人社會的各個方面，正因為牛肉具有特殊的價值和意義，提供牛肉的人獲得了聲望和地位。獨龍族人周邊的權勢者，也通過牛肉來表達等級關係和統治的合法性，牛和牛肉成為結構性關係中的「支配性資源」。20 世紀 50 年代，中國共產黨領導的新政權無償給獨龍族人提供了黃牛，使其作為耕牛；21 世紀以來，政府將一種稀有的獨龍牛（即大額牛、野牛）投養到獨龍江，讓獨龍族人飼養和管理，使其成為獨龍江地區的特色產品，為獨龍族人帶來可觀的經濟收益。這時候，牛和牛肉不再屬於稀有的物品，不過獨龍族人和國家的關係中仍透露出傳統關係的象徵意味。對於獨龍族人內部社會而言，一方面在於富有者提供牛肉可以提高他的聲望和地位；另一方面則在於牛肉的分享成為限制財富積纍的制度，使獨龍族人不會出現貧富懸殊式的社會分層。正如田汝康研究芒市傣族人做擺儀式揭示的事實：宗教社會儀式作為再分配機制，調節和控制社會分化。

　　進入 20 世紀，隨著中央權力逐漸滲透到怒江西岸，地方政府以家戶為稅收單位，過去的大家庭模式被解散。這種以小家庭為主的居住方式，便於管理和增加稅收。以夥頭制度為主的村落組織逐漸取代了血緣家族組織。而到了民國末期，獨龍江社會得到進一步的整合，那就是設立地方權力機構，在最後時刻獨龍族的頭人孔當廷成為獨龍江地區最大的官。這時個體、英雄人物出現了。孔當廷一方面主動與外界交流和溝通，如接受設治局的封官、送兒子孔志清到怒江上學，

另一方面動員獨龍族人抵抗察瓦龍領主收稅。當共產黨領導的政權最終取代舊勢力之後，在地方實施的基層管理體制——生產大隊、人民公社、村民委員會和村黨支部，逐步削弱了血緣關係在地方政治經濟方面的組織作用，國家力量對地方的影響伴隨著經濟物資的投入而得到增強。與此同時，國家支持的各種物資由自治縣—鄉政府—村委會掌控和支配，獨龍江村民在物質條件比過去更加充裕的同時，與外界的聯繫越來越密切，他們對政府和國家的依賴也越來越大。但在國家中心與邊緣轉化到國家與地方的關係過程中，個體行動者作為中介發揮的作用越來越重要。其中，接受了較高等級教育的獨龍族人最早成為政治精英，他們在國家少數民族政策實施背景下，成為國家幹部，參與地方事務的管理；同時，他們利用獨龍族的身份，表達獨龍族人苦難的歷史遭遇，成為獲取國家援助的政治資本。歷任貢山縣縣長的獨龍族人承擔著這樣的使命，其中孔志清、高德榮兩人可以說是這方面最具代表性的政治精英。他們在獲取民族身份、改變民族命運以及推進獨龍江社會經濟現代化的進程中，發揮了不可替代的積極作用。現在，國家的力量已經滲透到獨龍江每一個村落，甚至影響到每個獨龍族人日常生活的安排。獨龍族人的生存環境比任何一個歷史時期都好，國家的支持和補助成為獨龍族人基本生存的保障。在市場化的影響下，一方面獨龍江的資源包括山裏的藥材、獸皮乃至獨特的景觀成為重要的商品，成為獨龍族人與政府聚焦的對象；另一方面，各地獨龍族人的謀生方式和適應情況凸顯了個體化現象。隨著交通設施的改善，獨龍江與外界的接觸和互動比以往任何時期都要頻繁，與世界的距離也越來越近。但在參與互動的人群中，除了在政府、教育文化部門工作的部分精英能夠適應新的環境，並為獨龍江的社會經濟發展而努力，其它人走出獨龍江後並非都能適應新的環境。如迪政當的李付，他在昆明讀完大專後，到廣西北海打工，被人坑騙，只好回家鄉

發展，目前擔任村委副主任，這才有了新的發展前景。同村另外一個年輕人陳永強到大城市裏打工，就感受到語言和飲酒等生活習慣是獨龍族人最難以適應城市生活的因素，在經歷挫折後，他回到家鄉跟著二哥辦旅遊「農家樂」，有遊客來時就提供背夫、嚮導等服務，這樣他的生活也有滋有味。這些在外地無法立足的年輕人，他們的見識和生活閱歷使他們回到家鄉後比其它人更懂得處理與政府和外來人的關係，而後者是支配性資源控制者，與他們進行良好的互動，能創造出更好的經濟生活條件。

獨龍族人的個案表明，只有主動去適應自然環境和社會環境，才能不斷獲得力量和機會而求得生存與發展。一些才華出眾、勇猛和「能說會道」的人，成為具有個人魅力的頭人、祭師或者擁有多個「本南」關係的人。這些人在內外互動系統中以及人與超自然聯繫方面獲得比其它人更多的資源和威望，但是獨龍族人自身的互惠規範和互助義務，卻限制了個體在財富和權利方面距離的進一步拉大。在民族國家和現代化進程中，這部分人發展成為社會文化精英，他們的行動和訴求與整個民族的利益和形象聯繫在一起。在新的社會環境下，由於個體在教育背景、經濟交往能力方面的差異，整個社會不可避免地出現了新的分化，一些社會性問題如酗酒、自殺現象由此產生。與以往不同的是，今天的地方政府注重獨龍族人適應技能的培訓，包括舉辦勞務技能講座、提供機會參加旅遊接待服務培訓班等，目的是使更多人適應新的發展模式。本書所要揭示的觀點之一，即肯定人的因素在生存活動中的積極作用，人不是被動存在、聽任物質關係擺佈的，他們可以在改變處境方面採取積極行動。

文化作為最重要的適應手段和動力要素，包含物質的、觀念體系和組織形式等不同維度的複合體。如同沃爾夫對傳統文化概念的批評，即文化並非是靜止的和固定不變的，我們在書中已經展現了獨龍

族人的文化多元性和動態性的事實。在國家文明化的項目——新農村建設之前，獨龍江流域上下江兩段地區的民居呈現不同的建築風格：北部以木楞房為主，主要的用料是木材；南部多建蓋竹篾房，用料以竹子和茅草為主。傳統的解釋認為這是受到了周邊不同族群的建築文化的影響。實際上，地方自然條件也是建築房舍時考慮的因素，不同地區的人用竹篾房還是木楞房，取決於當地生態條件和人們的居住習慣，這是一種適應自然和社會的結果；但人們在選地基、房梁走向以及大門的朝向等方面，體現了獨龍族人對統治者的態度和宇宙觀。在宗教信仰的選擇和態度上，南北部不同的人群因地理、政治環境以及居住模式的不同，形成了不同的信仰氛圍——北部是受藏傳佛教影響的傳統宗教陣地，以巴坡及之下的村落為主，是基督教傳播的中心。不過，與其說是信仰上的不同選擇，還不如說是不同地區的獨龍族人選擇和利用不同宗教因素來獲得經濟利益和解決現實問題。但不可否認，隨著宗教觀念的傳播，宗教周期性的活動在撫慰人心、凝聚群體、規範行為和社會整合方面具有積極意義。牛的流動和牛肉被分享的儀式，在詮釋人與物的關係時，也界定了人與人之間的權利關係。作為獨龍族人的文化標誌和遺產，文面的行為和意義的闡釋，不僅與獨龍族人宗教觀念的表達有關，還涉及獨龍族人與周圍族群的權利與支配關係，從另一個側面反映了獨龍族人的生存狀況。我們雖然相信如文面者本人所說的其行為乃是傳自父輩的習俗，但有趣的是從清末地方官員夏瑚開始，代表中央的地方官員屢次禁止文面行為，如貢山設治局官員以及 20 世紀五六十年代地方政府皆以陋俗為名加以禁止、取締。而在今天這個傳統文化可以挖掘出經濟價值的時代，地方官員對遺留下來的文面者進行保護，並對文面賦予傳統習俗的意義，不再提倡周邊族群土司強迫之說。文面的禁止和意義的不斷闡釋，表明了獨龍族人與統治者之間的結構關係，後者具有占統治地位的能

力，從而進行社會動員、資源的控制和分配以及對象徵符號的界定。當然，在當今貢山地方政府中，有獨龍族身份的幹部，他們在重新界定文面意義的過程中發揮了關鍵作用。這說明在界定文面象徵意義上，獨龍族人和地方政府依據不同的社會環境做出了適時的調整。因此，文化不僅建構著社會秩序，文化也是用來統治的工具。另外，文化再生產的過程，也透露出文化象徵的表達受到了政治經濟因素的限制和影響。

20 世紀末，中國政府修通了從獨龍江到貢山的公路，汽車運輸代替了馬幫運輸。幾年後，獨龍江鄉各村與鄉政府之間也通了公路，中國移動公司也不失時機地「駐」進來。獨龍江交通、通信設施的建設，在方便信息溝通的同時，也縮短了獨龍江與世界的距離。如今，村裏的任意一家小賣部裏都可以買到罐裝可樂，兒童可以在家裏收看美國的動畫片，而年輕人則樂於穿牛仔褲和跳迪斯可，獨龍族人的生活與國家政治體系和全球經濟文化體系終於聯繫在了一起。一些來自世界各地、富於冒險的年輕背包旅客不遠千里來到獨龍江，體驗遺世生活和探訪奇特的民俗文化。如今，獨龍族人不再躲避外來人，他們躍躍欲試，推銷獨龍江的產品——一些人用獸皮和麝香與外來人交易，一些年輕人擔任旅遊嚮導和背夫，一些有條件的家庭開辦了「農家樂」。他們在這場新的市場化運動中嘗到了甜頭。由於受到政府的鼓勵和政策的引導，我們可以預測，這種為外來旅遊者提供服務而獲取經濟利益的方式，將是未來獨龍族人的主要生存方式。於是，在這熱鬧景象背後，我們發現國家的政治經濟體系支配地方的力度得到了強化；但與此同時，旅遊電視、網路信息等大眾媒體和地方政府形成共謀以強調獨龍江的獨特性和神秘性——一種與世界保持距離的態度，渲染文面習俗和獨特的生活方式，以及秀美的風光和艱險的交通條件，吸引著形形色色的旅行者和探險家。

附錄

附錄1　獨龍江迪政當新生代的生存經歷[1]

新生代指的是出生於 20 世紀 80 年代、讀完初中、有城市生活的經歷、目前生活在村裏且敢於探尋新的生活方式的群體。這裏以筆者熟知的陳永強和李林高[2]為代表，試圖呈現他們的生活經歷和對未來生活的設想。

陳永強是村支書陳記最小的弟弟，26 歲（2012 年），尚未結婚，和父母生活在一起。他為人熱情，能說一口標準的普通話。在他家的火塘邊，他向筆者述說了自己的經歷。他在巴坡小學讀書時，因為成績好考上了昆明的雲南民族中專學校。在該校，他學的是市場行銷專業，前兩年學習專業課程，第三年是實習期。畢業後進入某化妝品公司做銷售員，對於來自大山裏的永強來說，這是一個巨大的挑戰。首先是語言關，雖然在昆明讀書期間普通話學得還不錯，但是要把產品推銷出去還是有很大難度的；其次是經常外出推銷產品，既辛苦又要遭人拒絕。特別是周圍都是漢族人，只有他是獨龍族人，由於沒有朋友，他經常一個人喝悶酒。他所供職的公司不是很大，其工作就是拿著產品到街上一對一推銷。雖然街上有很多人，但沒有人願意買他的

1　訪談時間：2012年7月4日。

2　李林高是我在獨龍江迪政當田野工作期間的主要報導人和嚮導兼翻譯，與筆者相處時間很長，但在本節裏關於他的信息主要來自於2011年10月25日以及2012年7月9日的訪談整理。

東西，所以有時他覺得很沮喪。而且公司待遇也不好，又沒有提成，也沒有簽訂正式勞動合同。有些大學生也來了，嫌收入低，沒做多久就走了。他克服種種困難和孤獨感，堅持了兩年。雖然掙到的錢只夠吃用，沒有剩餘，但他因此練成了一口流利的普通話，性格也變得開朗了。在這兩年中，他外出做銷售，到過重慶、四川、湖南、廣西、貴州等地，在多個城市鄉鎮往返的過程中，體驗到銷售生活的艱辛，也體驗了不同地域的人情世態。有一次，公司派他和幾個員工到四川毛爾蓋推銷產品，有人舉報他們搞「傳銷」，結果被抓到派出所。派出所沒有查清楚就把他們攜帶的洗髮水、化妝品全部沒收，同時進行檢查、拍照，並找當地電視臺進行報導，提醒消費者不要買這些產品。這些價值 30 萬元的產品也被直接銷毀。在派出所，他感到很緊張，擔心會不會坐牢；員警給他們吃速食麵和香腸，關了幾天後就把他們放出來了。不知道後面有沒有查清楚，但他們帶出來的那些物品是拿不回來了。這是他在跑銷售中碰到的最難堪的一次經歷，但也碰到過好人。有一次，也是在四川，陳永強在路邊擺攤賣化妝品時，一個挺著大肚腩、穿著西裝的男人來到他的攤前，看了他之後，主動跟他聊了起來；當西裝男人知道他是來自云南邊遠地區的少數民族時，給了他 100 元錢，但沒有要任何東西就走了。

　　2009 年年底，他不想再到處跑了，就辭掉了銷售工作，重新找了一家裝修公司，做噴漆工作。他在這家公司總共幹了 6 個月，剛進入時的工資是每月 700 元，最後一個月老闆給他發了 2,300 元。之所以回到獨龍江，是因為家裏沒有人照顧父母。那時，他二哥蓋了新房子分家單獨住了，而父母也想念他，希望他回家。老闆捨不得他走，他走後還打電話邀請他回公司工作。2010 年 6 月回到迪政當以後，陳永強一直跟著二哥做旅遊接待工作。

　　獨龍江峽谷屬於滇西北三江並流自然景區的外延部分，神奇的文

面習俗和秀美的自然景觀，以及半年封山遺世的生活，讓外面的人產生了無限的遐想。最近幾年，越來越多的中外旅客背著登山包進入獨龍江探秘。迪政當作為滇藏交界地帶，以及保留傳統文化比較完整的村子，往往成為遊客嚮往和必經的地方，很多獨龍族小夥子受雇為背夫和嚮導。陳記的二弟是迪政當第一個開「農家樂」提供住宿吃飯的人。在他家客房的牆壁上掛著一塊白布，上面填滿了遊客留下的墨蹟。據陳永強介紹，遊客比較集中的季節是 6 至 10 月，也就是說開山之後就有人陸續地進來了。但是，獨龍江雨水多，一年中大部分時間都在下雨中度過，只有到 9 至 10 月雨水才會減少。這段時間也是遊客最多的時候，是他們最辛苦的季節。獨龍江到西藏察隅縣沒有公路，所以遊客來到這裏就是要體驗徒步遊。其路線有兩條：一條是沿著克勞洛河向上走，六七天後到達察隅縣的日東鄉；另一條是沿著麻必洛河翻越海拔 4,000 多公尺的高山牧場，兩天後可抵達察瓦龍桼恩村或者昌西村。背夫的費用是出發前就已經定好的，按照目前的情況，一天收費 120 至 130 元，如果遊客不接受這個價格可自行徒步翻越。很多村民都有做背夫的經歷，他們感受到一些遊客的態度很不友好，有著城裏人的優越感。其實，背夫很辛苦，除了背負行李和食物，到達休息點後，還要煮飯、搭帳篷，在遊客欣賞美景或體驗人力極限的同時村民付出的不僅是汗水。村民的原則是，要遊客至少同時請兩個人，這樣他們在路上有個伴，可以說說話以減輕勞累，同時返回的時候也有個伴。有些遊客就是沒有顧及當地人的感受，不願多請一個人。但是，村民也反映有些遊客和他們在旅途中結下了友誼，回到城市後，還給他們寄送衣物；有的甚至邀請村民到昆明、北京等地旅遊，這種旅遊過程中的主客互動，也讓村民有機會走出獨龍江體驗和欣賞城市風光。

村裏還有其它年輕男子從事嚮導和背夫工作，但陳永強發揮了他

會講普通話的優勢，跟遊客交流比較方便，主客合作比較愉快。有時碰到體力不好的遊客，在途中尤其是在高山地段時發生高原反應，吃不了飯，沒法走路，他們就盡力照顧。在過去的經歷中，有一個來自湖南的老師到半路發生高原反應，永強兄弟兩人輪流背著他上山，又扶著他下到紮恩村並找車子將其送回貢山。由於態度友好，服務熱情，他們給很多遊客留下了美好的印象。這些遊客回到城市之後，在旅遊論壇上介紹了他們的情況，並留下他們的電話等聯繫方式。通過網路平臺，很多「驢友」認識了他們，來之前都跟他們聯繫訂房。因此，最近一兩年他們兩人接待的遊客越來越多。遊客多的時候，他們還請村裏其它人幫忙。這樣，給自己帶來收益的同時也給其它村民提供了掙錢的機會。政府規劃將獨龍江打造成 4A 級國家自然風景區，相信到那時會有越來越多的人進入獨龍江。談到自己未來的規劃，陳永強計劃再開發新的徒步旅遊路線。這條路線從 43 號國界碑繞過去，到達察隅。有村民挖藥材時到過這一帶，據說風景很美。

隨著民族文化特色村安居房的建設完成，越來越多的村民將加入到旅遊服務的專案中。李林高就是有這個計劃的年輕人之一。

李林高是筆者在迪政當村時認識的朋友和報導人，他的獨龍名叫都裏。按照他們的傳統習俗，他屬於斯尤家族，排行（男性）第二。他的奶奶青妮是冷木當科全家族的人。這個家族的人在他奶奶那一輩出了幾個出類拔萃的人物，家族中有當地非常有名望的「南木薩」（祭師）和「一鄉」行政村的幹部，科全青妮本人亦是獨龍族文面文化的傳承人。林高的父親那一代，在村子裏也屬於有威望的人物：有人繼承傳統的「南木薩」，也有人到高等學府深造而成為獨龍族第一位學者，還有人在縣城政府行政部門機關工作。[3]李林高的父親也不

3　關於科全家族的信息，可以參考李金明：《高山峽谷獨龍家》（昆明市：雲南大學出

簡單。20世紀90年代，國家與社會急速轉型，市場經濟成為實踐中的主流話語，當時河谷兩岸有很多天然的樟樹，樟油市場價格很好，他就與其兄弟一起煉黃樟油。同時，林父還開了小賣部，自己趕馬從巴坡運來日用百貨進行銷售。2006年修通公路後，他第一個買了農業拖拉機搞運輸。林高的母親屬於迪政當瓊青家族人。她1975年初中畢業，擅長文藝表演，可惜她的家族在「文革」期間被錯劃為富農，因而沒能如願到縣城歌舞團發展。2001年她擔任村委會婦女主任，直到2009年才退下來。

李林高出生於1989年，但是在不到1歲的時候得了一種怪病，昏睡了九天九夜。家人以為沒救了，後來按獨龍族人習俗請當地一位「南木薩」來為他治病才治好。因此，他談到「南木薩」時就流露出敬重之意。他認為是「南木薩」的力量讓自己活下來的。9歲時，他與父親一起到巴坡趕馬幫。那時正值深冬，山上飄著雪花，而迪政當通往鄉政府的公路還沒有修好，當爬過喇卡塔這個地方時，一塊冰雪從樹上掉下來，落在林高身上，雪水侵入衣縫，沒過多久，他全身就凍僵了，只有幾個手指頭能動；父親抱住他，用自己的胸脯溫暖著他，一直到家中。林高是一個非常聰明的人，他父親希望林高讀好書，然後到城裏工作和生活。小學畢業後，林高來到貢山縣城讀初中。此時，他的兩個姐姐和一個弟弟都在上學，他們的父親一如既往地辛苦掙錢。幸運的是，林高讀初一開始就得到了郭老師的資助。郭老師來自昆明某高校，曾在獨龍江做過博士論文的田野調查工作，和林高的家族結下了深厚的友誼。2007年林高父親不幸病逝，這時在縣城讀書的林高因封山而無法見到他最親密的人最後一面。此事令林高十分傷心和痛苦，一時無法振作起來，以致中考沒有考出好成績。

版社，2001年）、郭建斌：《邊緣的遊弋——一個邊疆少數民族村莊近60年變遷》（昆明市：雲南人民出版社，2010年）。

　　但是，李林高沒有放棄讀書，初中畢業後，他繼續在縣城讀高中。開學一周後，在縣城工作的叔叔對他說，讀高中不如讀中專，可以學到一門技術，將來也好在社會上立足。於是，叔叔便將他推薦到昆明讀雲南省民族中等專業學校。該學校提供免費食宿，這樣可以減輕家庭負擔。他報的專業是服裝設計。軍訓結束進行入學前的體檢時，林高被發現是乙肝攜帶者，於是被迫退學回家養病。面對這樣的結果，林高覺得是命運跟自己開了玩笑，情緒非常失落，覺得自己的人生好像掉進了深谷裏。返回獨龍江後，他吃了西藥也用了中藥調理。即便如此，他也沒有在家休息，畢竟他是家裏最大的男子，既要幫母親承擔家務勞動，還要上山挖藥材掙生活費。他從昆明回來第二年的 8 月份，郭老師到獨龍江調研。臨走時，郭老師把林高帶出來了。到昆明後，他們直奔昆明軍區醫院，醫生化驗之後告知林高一年來的治療有效，他的身體已經康復了。但是，學校負責人不同意林高復學。後來，郭老師又帶他到昆明第一附屬醫院再做體檢，抽血化驗顯示出陰性，再次證明了身體沒有問題。拿著醫院的證明，他們再次來到雲南省民族中等專業學校，這次學校同意了林高復學的申請。由於推遲了一年，趕不上課程，林高只好改學工業美術專業。

　　在昆明讀書期間，每逢周末他就到在雲南省社會科學院工作的叔叔家做客。他的叔叔是少數民族民間文學和獨龍族民俗文化研究者，書房裏擺滿了各種書籍。在叔叔的鼓勵下，他沉浸在書的海洋中，漸漸對文學產生了興趣。但是，他在學校的生活過得並不如意，學校也沒有想像中那麼好。他總是想起家鄉的綠山和青水，還有家人和朋友。到了第三年實習期間，他本來打算去外省的工廠裏實習；但他的叔叔怕他誤入傳銷組織，勸他不要出去，並安排他回到貢山縣文化館實習。在離開昆明之前，他曾幫他的叔叔整理獨龍族文化研究的資料，這令他感到搜集和研究自己民族文化的工作是有意義的。

2010 年 7 月，林高來到了縣文化館實習，由於他懂電腦操作，文化館負責人安排他做電腦輸入和整理資料的工作。然而，不到 1 個月，在鄉里工作的大姐夫的建議下，李林高離開了縣文化館，回到獨龍江。大姐夫聯繫了鄉的道路管理處，為他謀到了一個合同工職位，每個月有 800 元的收入。

　　回到獨龍江後，林高感受到了家鄉的變化——公路修到家門口了，可人心也變了，每個人都在忙著掙錢，他感到很失落。於是，他漸漸地喜歡上了喝酒。此時，家裏兩個姐姐都出嫁了，父親剛去世，弟弟在縣城讀高中。林高說父親的去世給他打擊很大，但他覺得自己不能消沉，應該做一個有擔當的男人，要照顧好母親和弟弟。他希望以後在鄉里能謀得一個正式的公職，比如到鄉博物館裏當講解員或者館長助理、秘書；然後，在迪政當老家開一個「農家樂」，專門接待搞獨龍族文化研究的人。他也喜歡攝影，希望能成為獨龍族第一個攝影家。2012 年他在公路管理處工作的合同到期了，他叔叔和郭老師幫忙給他介紹了縣交通局的一份工作。但是，這時昆明電視臺的記者來到了獨龍江，準備拍攝搬遷的紀錄片。他們找到林高做翻譯和攝影助理。拍攝本來就是他的愛好，從事攝影工作也是他的夢想。然而，魚和熊掌不可兼得，在做出加入拍攝紀錄片的決定之後，他也丟掉了交通局的職位。有時他很失落，覺得在村子裏生活不是他的理想。他經常對筆者說：「每到太陽落下去的時候，不由得感到孤獨和恐懼。」理想與現實之間的多種選擇，讓他一時無法適應。有一次酒後，他跌到公路邊懸崖下，幸好傷勢不重。不過，這令他重新思考自己的人生。這一年年底，他成為村黨支部的一名預備黨員。迪政當村新房子即將落成，村民們正在準備舉行盛大的剽牛儀式，以慶祝新的生活。林高說：「古老的聖火，重新燃燒起來了！」他和記者則進入了忙碌的拍攝工作中，同時，他也在積極籌畫著自己的「農家樂」。

附錄2　獨龍江鄉技能培訓計劃 （2012-2013 年）

獨龍江鄉技能培訓計劃一覽表

項目	人數	年齡（歲）	學歷	培訓時間	性別	馬庫（人）	巴坡（人）	孔當（人）	獻久當（人）	龍元（人）	迪政當（人）	培訓地點	備註
電焊工	130	16~35	初中以上	待定	男	10	26	36	22	16	20	州民族中專（1個月）	
土建工	80	16~36	初中以上	待定	男	6	16	23	13	10	12		
汽車修理工	50	16~36	初中以上	待定	男	4	10	13	9	6	8		
餐廳服務	154	16~40	初中以上	待定	不限	12	30	44	26	18	24		
客房服務	154	16~41	初中以上	待定	不限	12	30	44	26	18	24		
家政服務	82	16~42	初中以上	待定	不限	6	16	22	14	10	14		
中式烹調師	72	16~43	初中以上	待定	不限	5	14	20	12	9	12		
蜜蜂飼養員	80	16歲以上	初中以上	待定	不限	7	16	22	14	10	12	鄉政府（1個月）	
農副產品加工		16歲以上	初中以上	待定	不限	7	16	22	14	10	12		
中草藥種植	82	16歲以上	初中以上	待定	不限	8	16	22	14	10	12		

項目	人數	年齡（歲）	學歷	培訓時間	性別	馬庫（人）	巴坡（人）	孔當（人）	獻久當（人）	龍元（人）	迪政當（人）	培訓地點	備註
蔬菜工	83	16歲以上	初中以上	待定	不限	9	16	22	14	10	12		
動物防疫員	84	16歲以上	初中以上	待定	不限	10	16	22	14	10	12		
拖拉機駕駛員	50												完成
獨龍族學生	78												完成
合計	1260					95	222	312	192	137	174		

參考文獻

一　中文文獻

（一）學術著作

《民族問題五種叢書》云南省編輯委員會：怒族社會歷史調查（一）（昆明市：雲南人民出版社，1981 年）

雲南省編輯組、《中國少數民族社會歷史調查資料叢刊》修訂編輯委員會：中央訪問團第二分團雲南民族情況彙集（上）（北京市：民族出版社，2009）

《民族問題五種叢書》云南省編輯委員會：《獨龍族社會歷史調查（一）》（昆明市：雲南民族出版社，1981 年）

雲南省編輯組：《獨龍族社會歷史調查（二）》（昆明市：雲南民族出版社，1985 年）

《民族問題五種叢書》云南省編輯委員會、《中國少數民族社會歷史調查資料叢刊》修訂編輯委員會：《獨龍族社會歷史調查（一）》（北京市：民族出版社，2009 年）

《民族問題五種叢書》云南省編寫組、《中國少數民族社會歷史調查資料叢刊》修訂編輯委員會：《獨龍族社會歷史調查（二）》（北京市：民族出版社，2009 年）

國家民委《民族問題五種叢書》編輯委員會、《中國民族問題資料·檔案集成》編輯委員會：《中國民族問題資料·檔案集成

《民族問題五種叢書》及其檔案彙編：第 5 輯》（北京市：
　　　中央民族大學出版社，2005 年）

蔡家麒：《獨龍族社會歷史綜合考察報告：第一集》（昆明市：雲南省
　　　民族研究所，1983 年）

平措次仁、陳家璉：《西藏地方志資料集成：第二集》（北京市：中國
　　　藏學出版社，1997 年）

陳慶英、高淑芬：《西藏通史》（鄭州市：中州古籍出版社，2003 年）

〔清〕鄂爾泰：《雲南通志：卷二十四》（刻本），清乾隆元年（1736
　　　年）

方國瑜著，徐文德、木芹、鄭志惠、纂錄校訂：《雲南史料叢刊：第
　　　十二卷》（昆明市：雲南大學出版社，2001 年）

貢山獨龍族怒族自治縣志編纂委員會：《貢山獨龍族怒族自治縣志》
　　　（北京市：民族出版社，2006 年）

貢山縣政協文史資料委員會：《貢山文史資料：第一輯》（1986 年）

〔清〕管學宣：《麗江府志略：上卷》，《中國地方志集成・雲南府縣
　　　志輯》（刻本之抄本），清乾隆八年（1743 年）

何炳臣：《維西縣治稿》（抄本，1932 年）

胡吉盧：《西康疆域溯古錄》（臺北市：臺灣商務印書館，1963 年）

政協怒江州委員會文史資料委員會：《獨龍族》（德宏：德宏民族出版
　　　社，1999 年）

方國瑜著，徐文德，木芹，鄭志惠，纂錄校訂：《雲南史料叢刊：第
　　　十卷》（昆明市：雲南大學出版社，2001 年）

李根源：《永昌府文徵：卷二十八、二十九》，楊文虎、陸衛先：校注
　　　本（昆明市：雲南美術出版社，2001 年）

李生莊：〈雲南第一殖邊區域內之人種調查〉，《雲南邊地問題研究：
　　　上卷》（昆明市：雲南省立昆華民眾教育館，1933 年）

方國瑜著，徐文德，木芹，鄭志惠，纂錄校訂：《雲南史料叢刊：第五卷》（昆明市：雲南大學出版社，1998 年）

〔清〕倪蛻輯，李埏校點：《滇雲歷年傳》（昆明市：雲南大學出版社，1992 年）

怒江州志辦公室：《怒江舊志》（1998 年）

怒江傈僳族自治州地方志編纂委員會：《怒江傈僳族自治州志》（北京市：民族出版社，2006 年）

〔清〕清職貢圖：卷一百八十五（刻本），道光十五年（1835 年）

〔清〕清實錄‧高宗純皇帝實錄：卷四百三十七

任乃強：《西康圖經》（拉薩市：西藏藏文古籍出版社，2000 年）

西藏社會歷史調查資料叢刊編輯組：《藏族社會歷史調查（四）》（拉薩市：西藏人民出版社，1989 年）

〔唐〕樊綽著，木芹補注：《雲南志補注》（昆明市：雲南人民出版社，1995 年）

尹明德、楊斌銓、王繼先等：〈滇緬北段界務調查報告〉，楊文虎、陸衛先：《永昌府文徵》（校注本）（昆明市：雲南美術出版社，2001 年）

尹明德：《雲南北界勘查記》（臺北市：成文出版社有限公司，1974 年）

楊世榮：〈獨龍族牛耕的開始〉，政協怒江州委員會文史資料委員會：《獨龍族》（德宏：德宏民族出版社，1999 年）

雲南省編輯組：《雲南少數民族社會歷史調查資料彙編：三》（昆明市：雲南人民出版社，1987 年）

雲南省地方志編纂委員會：《雲南省志（卷六十六）宗教志》（昆明市：雲南人民出版社，1995 年）

雲南日報記者部：《三江並流流向世界》（昆明市：雲南民族出版社，2006 年）

《雲南府縣志輯：中國地方志集成》（南京市：鳳凰出版社，2009 年）

中共雲南省委黨史研究室：《雲南民族「直過區」經濟社會發展研究資料彙編》（昆明市：雲南民族出版社，2006 年）

陶雲逵：〈俅江紀程〉，《西南邊疆（1941-1942）》：第 1214 期（成都市：成都西南邊疆研究社，1942 年）

任乃強：〈西藏自治與康藏劃界〉，徐麗華，李德龍：《中國少數民族舊期刊集成》（北京市：中華書局，2006 年）

陶雲逵：〈幾個藏緬語系土族的創世故事〉，《邊疆研究論叢》（南京市：金陵大學中國文化研究所，1942-1945 年）

〔墨〕阿圖洛・瓦爾曼著，谷曉靜譯：《玉米和資本主義：一個實現了全球霸權的植物雜種的故事》（上海市：華東師範大學出版社，2005 年）

〔美〕埃里克・沃爾夫著，趙丙祥、劉傳珠、楊玉靜譯：《歐洲與沒有歷史的人民》（上海市：上海人民出版社，2006 年）

〔法〕愛米爾・杜爾凱姆著，鍾旭輝、馬磊、林慶新譯：《自殺論》（杭州市：浙江人民出版社，1988 年）

〔法〕愛彌爾・涂爾幹著，渠東、汲喆譯：《宗教生活的基本形式》（上海市：上海人民出版社，1999 年）

〔英〕埃文思・普裏查德.努爾人著，褚建芳、閻書昌、趙旭東譯：（北京市：華夏出版社，2001 年）

包路芳：《社會變遷與文化調適──游牧鄂溫克社會調查研究》（北京市：中央民族大學出版社，2006 年）

蔡家麒：《藏彝走廊中的獨龍族社會歷史考察》（北京市：民族出版社，2008 年）

何大明、李恒：《獨龍江和獨龍族綜合研究》（昆明市：雲南科學技術出版社，1996 年）

呂大吉、何耀華：《中國各民族原始宗教資料集成》（北京市：中國社會科學出版社，2000 年）

陳慶德：《資源配置與制度變遷：人類學視野中的多民族經濟共生形態》（昆明市：雲南大學出版社，2001 年）

〔法〕埃米爾・迪爾凱姆著，周秋良等譯：《迪爾凱姆論宗教》（北京市：華夏出版社，1999 年）

多傑才旦：《西藏封建農奴制社會形態》（北京市：中國藏學出版社，1995 年）

方國瑜：《中國西南歷史地理考釋》（北京市：中華書局，1987 年）

龔佩華：《景頗族山官制社會研究》（廣州市：中山大學出版社，1988 年）

西南民族歷史研究集刊：2（昆明市：雲南大學西南邊疆民族歷史研究所，1981 年）

高志英：《藏彝走廊西部邊緣民族關係與民族文化變遷研究》（北京市：民族出版社，2010 年）

高志英：《獨龍族社會文化與觀念嬗變研究》（昆明市：雲南人民出版社，2009 年）

格桑頓珠、納麒：《雲南民族地區發展報告》（昆明市：雲南大學出版社，2004 年）

郭建斌：《獨鄉電視：現代傳媒與少數民族鄉村日常生活》（濟南市：山東人民出版社，2005 年）

郭建斌：《邊緣的遊弋——一個邊疆少數民族村莊近 60 年變遷》（昆明市：雲南人民出版社，2010 年）

何國強：《圍屋裏的宗族社會：廣東客家族群生計模式研究》（南寧市：廣西民族出版社，2002 年）

何國強：《政治人類學通論》（昆明市：雲南大學出版社，2011 年）

何群：《環境與小民族生存──鄂倫春文化的變遷》（北京市：社會科學文獻出版社，2006 年）

何大明、李恒：《獨龍江和獨龍族綜合研究》（昆明市：雲南科技出版社，1996 年）

黃光學、施聯朱：《中國的民族識別：56 個民族的來歷》（北京市：民族出版社，2005 年）

〔日〕今村仁司著，朱建科譯：《阿爾都塞：認識論的斷裂》（石家莊：河北教育出版社，2001 年）

〔英〕克里斯托夫・馮・菲尤勒─海門道夫著，何國強譯：《在印度部落中生活：一位人類學家的自傳》（香港：國際炎黃文化出版社，2009 年）

〔英〕克里斯托夫・馮・菲尤勒─海門道夫著，吳澤霖譯：《阿帕塔尼人和他們的鄰族：喜馬拉雅山東部的一個原始社會》（出版單位不詳，1980 年）

〔英〕卡爾・波蘭尼著，馮鋼、劉陽譯：《大轉型：我們時代的政治與經濟起源》（杭州市：浙江人民出版社，2007 年）

〔英〕艾德蒙・R. 利奇著，楊春宇、周歆紅譯：《緬甸高地諸政治體系──對克欽社會結構的一項研究》（北京市：商務印書館，2010 年）

〔美〕羅納托・羅薩爾多著，張經緯、黃向春、黃瑜譯：《伊隆戈人的獵頭：一項社會與歷史的研究（1883-1974）》（北京市：北京大學出版社，2012 年）

〔美〕羅伯特・C. 尤林著，何國強譯：《理解文化：從人類學和社會理論視角》（北京市：北京大學出版社，2005 年）

〔美〕羅伯特・C. 尤林著，何國強、魏樂平譯：《陳年老窖：法國西南葡萄酒業合作社的民族志》（昆明市：雲南大學出版社，2012 年）

〔英〕愛麗森‧沃爾夫著，6 版劉少傑等譯：《當代社會學理論：對古
　　　典理論的擴展》（北京市：中國人民大學出版社，2008 年）

李恒：《獨龍江地區植物》（昆明市：雲南科技出版社，1993 年）

民族文學研究集刊：13（昆明市：雲南社會科學院，1999 年）

李金明：《高山峽谷獨龍家》（昆明市：雲南大學出版社，2001 年）

劉達成：《獨龍族》（北京市：民族出版社，1998 年）

呂昭義：《英帝國與中國西南邊疆（1911-1947）》（北京市：中國藏學
　　　出版社，2001 年）

林耀華：《民族學研究》（北京市：中國社會科學出版社，1985 年）

雲南省編輯組：《雲南少數民族社會歷史調查資料彙編：三》（昆明
　　　市：雲南人民出版社，1987 年）

林超民：《方國瑜文集：第 1 輯》（昆明市：雲南教育出版社，2001 年）

羅康隆：《文化適應與文化制衡：基於人類文化生活的思考》（北京
　　　市：民族出版社，2007 年）

熊清華、施曉春：《高黎貢山研究文叢（第二卷）高黎貢山民族與生
　　　物多樣性保護研究》（北京市：科學出版社，2006 年）

〔美〕盧克‧拉斯特著，王媛、徐默譯：《人類學的邀請》（北京市：
　　　北京大學出版社，2008 年）

〔美〕路易士‧亨利‧摩爾根著，李培茱譯：《美洲土著的房屋和家
　　　庭生活》（北京市：中國社會科學出版社，1985 年）

〔法〕馬塞爾‧莫斯，汲喆譯：《禮物：古式社會中交換的形式與理
　　　由》（上海市：上海人民出版社，2002 年）

〔英〕馬林諾夫斯基著，梁永佳、李紹明譯：《西太平洋的航海者》
　　　（北京市：華夏出版社，2001 年）

馬克思、恩格斯：《馬克思恩格斯文選：第 1 卷》（北京市：人民出版
　　　社，2009 年）

馬克思、恩格斯：《馬克思恩格斯全集：第 22 卷》（北京市：人民出版社，1965 年）

馬克思著，中共中央馬克思恩格斯列寧斯大林著作編譯局譯：《資本論：第一卷》（北京市：人民出版社，2004 年）

毛澤東文集：第七卷（北京市：人民出版社，1999 年）

馬世來、馬曉峰、石文英：《中國獸類蹤跡指南》（北京市：中國林業出版社，2001 年）

〔美〕馬歇爾‧薩林斯著，張經緯、鄭少雄、張帆譯：《石器時代經濟學》（北京市：生活‧讀書‧新知三聯書店，2009 年）

〔美〕馬維‧哈里斯著，許蘇明編譯：《人‧文化‧生境》（太原市：山西人民出版社，1989 年）

馬 曜：《雲南簡史》（昆明市：雲南人民出版社，1983 年）

〔法〕皮埃爾‧布迪厄著，蔣梓驊譯：《實踐感》（南京市：譯林出版社，2003 年）

斯陸益：《傈僳族文化大觀》（昆明市：雲南民族出版社，1999 年）

〔美〕斯圖爾德著，張恭啟譯：《文化變遷的理論》（臺北市：遠流出版事業公司，1990 年）

宋恩常：《雲南少數民族研究文集》（昆明市：雲南人民出版社，1986 年）

〔挪威〕湯瑪斯‧許蘭德‧埃里克森：《小地方，大論題：社會文化人類學導論》（北京市：商務印書館，2008 年）

田汝康：《芒市邊民的擺》（昆明市：雲南人民出版社，2008 年）

田雪原：《中國民族人口：三》（北京市：中國人口出版社，2005 年）

〔美〕湯瑪斯‧C.派特森著，何國強譯：《馬克思的幽靈：和考古學家會話》（北京市：社會科學文獻出版社，2011 年）

王恒傑：《迪慶藏族社會史》（北京市：中國藏學出版社，1995 年）

王明珂：《羌在漢藏之間》（北京市：中華書局，2008 年）

吳　飛：《火塘・教堂・電視──一個少數民族社區的社會傳播網路研究》（北京市：光明日報出版社，2008 年）

吳　飛：《浮生取義：對華北某縣自殺現象的文化解讀》（北京市：中國人民大學出版社，2009 年）

楊福泉：《納西族與藏族歷史關係研究》（北京市：民族出版社，2005 年）

楊將領、李金明、曾學光：《獨龍族》（北京市：中國水利水電出版社，2004 年）

楊毓驤：《伯舒拉嶺雪線下的民族》（昆明市：雲南大學出版社，2000 年）

楊毓驤、楊奇威：《雪域下的民族》（昆明市：雲南教育出版社，2008 年）

楊庭碩、羅康隆、潘盛之：《民族文化與生境》（貴陽市：貴州人民出版社，1992 年）

伊偉先：《明代藏族史研究》（北京市：民族出版社，2000 年）

尹善龍：《風流高黎情報告文學集》（昆明市：雲南大學出版社，2002 年）

尹紹亭：《遠去的山火──人類學視野中的刀耕火種》（昆明市：雲南人民出版社，2008 年）

西南民族歷史研究集刊：5（昆明市：雲南大學西南邊疆民族歷史研究所，1984 年）

〔英〕約翰・格萊德希爾著，趙旭東譯：《權力及其偽裝：關於政治的人類學視角》（北京市：商務印書館，2011 年）

〔美〕詹姆斯・C. 斯科特著，修訂版王曉毅譯：《國家的視角》（北京市：社會科學文獻出版社，2011 年）

〔美〕詹姆斯・C.斯科特著，程立顯等譯：《農民的道義經濟學：東南亞的反叛與生存》（南京市：譯林出版社，2001 年）

〔美〕詹姆斯・C.斯科特著，2 版鄭廣懷、張敏、何江穗譯：《弱者的武器》（南京市：譯林出版社，2011 年）

張橋貴：《獨龍族文化史》（昆明市：雲南民族出版社，2000 年）

趙伯樂：《新編怒江風物志》（昆明市：雲南人民出版社，2000 年）

趙世鐸、韓俊彥：《養牛問答》（瀋陽市：遼寧科學技術出版社，1985 年）

趙心愚：《納西族與藏族關係史》（成都市：四川人民出版社，2004 年）

朱永祥：《實用地膜覆蓋栽培技術》（成都市：四川科學技術出版社，1987 年）

〔法〕施蒂恩・格羅斯著，尼瑪紮西、彭文斌、劉源譯：〈19-20 世紀滇西北鹽、牛及奴隸的交換與政治〉，羅布江村：《康藏研究新思路：文化、歷史與經濟發展》（北京市：民族出版社，2008 年）

嚴德一：〈俅子——傳說父輩尚為有巢氏之民〉，李紹明，程賢敏：《西南民族研究論文選》（成都市：四川大學出版社，1991 年）

（二）學術論文

陳慶德、潘春梅：〈經濟人類學視野中的交換〉，《民族研究》2010 年第 2 期

費孝通：〈關於我國的民族識別問題〉，《中國社會科學》1980 年第 1 期

費孝通：〈中華民族的多元一體格局〉，《北京大學學報：哲學社會科學版》1989 年第 4 期

費孝通：〈民族生存與發展：第六屆社會學人類學高級研討班上的演講〉，《西北民族研究》2002 年第 1 期

高應新：〈獨龍族聚居區農牧業開發〉，《山地研究》1995 年第 4 期

高志英：〈唐至清代傈僳族、怒族流變歷史研究〉，《學術探索》2004 年第 8 期

高志英：〈獨龍女文面的文化闡釋〉，《西南民族大學學報：人文社會科學版》2010 年第 2 期

何國強、周雲水、魏樂平等：〈貢山獨龍族怒族體質特徵研究〉，《黔南民族醫專學報》2009 年第 1 期

何翠萍、魏捷茲、黃淑莉：〈論 James Scott 高地東南亞新命名 Zomia 的意義與未來〉，《歷史人類學學刊》2011 年第 1 期

侯高遠：〈獨龍族社會經濟發展研究〉，《中央民族大學學報》2002 年第 4 期

黃淑娉：〈論環狀聯繫婚與母方交錯表婚〉，《中央民族學院學報》1987 年第 3 期

李金明：〈生態保護、民族生計可持續發展問題研究〉，《雲南社會科學》2008 年第 3 期

李金明：〈獨龍族文化保護面臨的問題及對策研究〉，《獨龍族研究學會通訊》2010 年第 1 期

淩純聲：〈中國邊政改革芻議〉，《邊政公論》1947 年第 1 期

劉達成：〈尋根溯源「釋」獨龍〉，《大理學院學報》2009 年第 9 期

劉　軍：〈獨龍族文面初探〉，《中央民族大學學報：哲學社會科學版》2007 年第 6 期

麻國慶：〈開發、國家政策與狩獵採集民社會的生態與生計──以中國東北大小興安嶺地區的鄂倫春族為例〉，《學海》2007 年第 1 期

強　尼：〈雲南邊疆少數民族信仰基督教的社會歷史原因分析〉,《中
　　　南民族學院學報：哲學社會科學版》1998 年第 3 期

秦和平：〈20 世紀初清政府對西藏察隅等地查勘及建制簡述〉,《中國
　　　邊疆史地研究》2009 年第 1 期

申　旭：〈藏彝民族走廊與茶馬古道〉,《西藏研究》1999 年第 1 期

〔法〕施蒂恩著,周雲水譯：〈缺少的分享：喜馬拉雅東部（中國雲
　　　南西北部）作為「整體社會事實」的分享的儀式語言〉,《青
　　　海民族研究》2009 年第 3 期

〔法〕施蒂恩・格羅斯著,周雲水譯：〈族名政治：雲南西北部獨龍
　　　族的識別〉,《世界民族》2010 年第 4 期

〔美〕謝麗・奧特納,何國強譯：〈20 世紀下半葉的歐美人類學理
　　　論〉,《青海民族研究》2010 年第 2 期

楊鶴書、陳啟新：〈獨龍族父系氏族中的家庭公社試析〉,《文物》
　　　1976 年第 8 期

楊將領、李金明：〈中、緬跨界獨龍族：自稱與他稱釋義〉,《世界民
　　　族》2010 年第 4 期.

嚴德一：〈中印公路之經濟地理〉,《邊政公論》1947 年第 2 期

楊征東：〈德欽日記〉,《邊疆文化（鶴慶）》1943 年

尹善龍：〈山高水長隔不斷：中共雲南省委書記令狐安徒步深入獨龍
　　　江鄉調研散記〉,《民族工作》1998 年第 1 期

鄭連斌、陸舜華、許渤松等：〈中國獨龍族與莽人的體質特徵〉,《人
　　　類學學報》2008 年第 4 期

莊孔韶：〈可以找到第三種生活方式嗎？〉,《社會科學》2000 年第 7 期

周國雁、伍少雲、胡忠榮等：〈獨龍族農業生物資源及其傳統知識調
　　　查〉,《植物遺傳資源學報》2011 年第 6 期

（三）學位論文

郭建斌：《電視下鄉：社會轉型期大眾傳媒與少數民族社區》（上海
　　　市：復旦大學新聞學院，2003 年）

盧成仁：《群觀：娃底傈僳人的人群結合與觀念研究》（廣州市：中山
　　　大學社會學與人類學學院，2011 年）

王天玉：《論多偶婚制度下藏族婦女的角色與地位：以滇西北德欽縣尼
　　　村為例》（廣州市：中山大學社會學與人類學學院，2012 年）

周雲水：《獨龍族社會結構變遷研究》（廣州市：中山大學社會學與人
　　　類學學院，2011 年）

二　英文文獻

Barth Fredrik. Ecologic relationships of ethnic group in Swat North
　　　Pakistan. American Anthropologist, 1956 (58):1079-1089.

Barth. On the study of social change. American Anthropologist, 1967
　　　(69):661-669.

Barnard, Alan. Contemporary hunter-gatherers:current theoretical issues in
　　　ecology and social organization. Annual Review of Anthropolog,
　　　1983 (12):193-214.

Bennett J W. The ecological transition. Oxford: Pergamon Press, 1976.

Cohen Y A. Culture as adaptation. Cohen Y A. Man in adaptation: the
　　　cultural present. 2nd ed.　Chicago: Aldine, 1974b: 45-68.

Douglas M. Deciphering a meal. Clifford Geertz. Myth, symbol and
　　　culture. New York: W. W. Norton, 1971.

Friedman J. Marxism, structuralism and vulgar materialism. Man (n. s.),
　　　1974 (9):444-469.

Gros S. A sense of place: the spatial referent in the definition of identities and territories in the Dulong Valley (northwest Yunnan, China). Culas C, Robinne F. Inter-ethnic dynamics in Asia: considering the other through ethnonyms, territories and rituals. London: Routledge, 2010.

Kuper A. Anthropology and anthropologists: the modern British school. London: Routledge, 1983.

Hardesty D. Ecological anthropology. New York: John Wiley & Sons, 1977.

Richard B. Twenty-first century indigenism. Anthropological Theory, 2006 (6):455-479.

Levi-Strauss C. The elementary structures of Kinship. London: Eyre & Spottiswoode, 1969.

Morrison K D, Junker L. Forager-traders in South and Southeast Asia: long-term histories. Cambridge: Cambridge University Press, 2002.

Max W. The critique of stammler. New York: Free Press, 1977.

Fortier J. Kings of the forest: the cultural resilience of Himalayan hunter-gatherers. Honolulu: University of Hawaii Press, 2009.

Wilk R R, Lisa C. Cliggett, economic and culture. Colorado: Westview Press, 2007.

Scott J C. The art of not being governed: an anarchist history of upland Southeast Asia. New Haven & London: Yale University Press, 2009.

Stein G J. Rethinking world-systems: diasporas, colonies and interaction in Uruk Mesopotamia. Tucson, A Z: University of Arizona Press, 1999.

Tharakan C G. The mixed economy of the South Indian Kurumbas. Ethnology, 2003 (42):323-334.

Wallace, Anthony F C. Religion: an anthropological view. New York: Random House, 1966.

Winzeler R L. The peoples of Southeast Asia today: ethnography, ethnology, and change in a complex region. New York: Altamira Press, 2011.

Wallerstein I. The capitalist world-economy. Cambridge: Cambridge University Press, 1993.

後記

　　高山、峽谷終究阻擋不了人類歷史前進的腳步，高黎貢山上正在修建的隧道有望在一年後通車，從此居住在獨龍江的人們不再擔心為大雪所阻隔了。只有親身經歷過的人才會明白，雖然這只是中緬邊界山區正在發生的一個小變化，但對獨龍族人來說是前所未有的機遇，他們的生活每天都在變化。出於對這一段邊界山區的「變化」和「發展」的好奇與思考，筆者才有了本書寫作的動機。筆者將這些變化中的人和物放到了邊疆社會歷史的情境之下，探究一個被認為極度「貧困」和「封閉」的民族如何生存和發展直至今天的動力模式，並在指導老師何國強教授的鼓勵和指導下，完成了本書的寫作。在這裏，首先感謝何老師給予無私的幫助。本書是由張勁夫和羅波共同完成的，具體分工情況如下：張勁夫負責全書的統籌、寫作提綱及研究主旨的確定；羅波參與一次田野調查並完成了第一章的撰寫工作，其餘章節皆由張勁夫負責完成。由於筆者學識尚淺、理論修養有限，書中難免出現不足和錯誤，希望廣大讀者給予批評指正。

　　本書中使用的大部分材料來源於筆者在田野點的親身經歷和訪談。對於一個邊遠山區的田野工作者來說，得知該書即將出版，感激之情溢滿心懷。首先浮現於腦海的是那些給了筆者無私幫助的村民，特別是察瓦龍藏族小朋友桑珠和房東阿沃頓珠一家，獨龍江迪政當村的李林高、陳永強，還有很多真誠而友善的朋友，請原諒這裏不能一一具名道謝。在獨龍江的生活和經歷，讓筆者感受到了獨龍族人迫切改變現狀的心情，他們精彩的奮鬥生活，非本書筆墨所能完整書寫，

筆者相信勤勞的獨龍族人民很快能實現美好的願望。此外，不得不提及一位給筆者田野過程帶來無限鼓舞和精神力量的老人，他就是雲南民族研究所的退休研究員楊毓驤先生。楊老年輕時曾參加過中緬抗日遠征軍，並於 20 世紀 50 年代投身到雲南民族調查和研究事業中，勤勤懇懇、默默無聞地在雲南少數民族山區進行調查工作，直到退休了才回到昆明的妻兒身邊。30 年前，年近六旬的他不怕艱險，翻山越嶺，走馬道、過沙石流，深入中緬邊界獨龍江、西藏察瓦龍開展獨龍族歷史文化調查。30 年後，當筆者向楊老當面請教時，他很平靜地告訴筆者：「作為一名老兵，不怕辛苦和危險，只想著要完成調查任務。」當時帶隊的調查組長蔡家麒教授回憶說：「我們調查獨龍江之後，考慮到楊老師的年紀，開始並不同意他再去察瓦龍調查，但是他意志堅定，堅持原計劃不變，後來安排了獨龍族嚮導與他一同去。」[1] 後來在察瓦龍沙石流地遇到了危險，就像楊老本人說的：「當時身子陷在沙石流中，要不是獨龍族嚮導奮力搶救，我以為回不來了。」靠著這種無畏的精神，楊老成為第一個到察瓦龍進行歷史文化考察的民族學者。退休之後，楊老仍筆耕不輟，還在整理以前調查的資料。他對事業的執著和獻身精神，深深地鼓舞了筆者。

在本書的寫作過程中，筆者還得到另外很多人的幫助。感謝黃淑娉教授多年來對筆者學習成長的關心，並多次贈閱藏文資料用於參考。感謝香港科技大學華南研究中心的廖迪生、張兆和、馬健雄和黃永豪及其它工作人員，無論在物質上還是在學習上他們都為筆者提供了很多幫助；特別是馬健雄博士，從初中開始，筆者成長的每一個階段都得到了他的鼓勵和引導。感謝香港中文大學的科大衛教授和歷史系提供經費，讓筆者有機會進入香港科技大學進行為期 1 個月的訪

1　私人交流，2009年12月11日於昆明。

學，這為筆者修改書稿提供了良好的工作環境。

　　感謝中山大學出版社副編審嵇春霞女士，她的耐心和一絲不苟的工作態度，為本書增色不少，也使本書的文字更加流暢和通順。

　　最後感謝父母和家人一直以來對筆者的默默支持和關心。在外遊學多年，一直未能盡孝，愧疚之情無以言表。在此也特別感謝妻子溫美珍，她的豁達寬容，她的理解支持，讓筆者一路前行、不斷前進。

張勁夫

2013年9月

芎野東南民族叢書 A0202009

獨龍江文化史綱：俅人及其鄰族的社會變遷研究　下冊

作　　者　張勁夫、羅　波
主　　編　何國強
責任編輯　蔡雅如

發 行 人　陳滿銘
總 經 理　梁錦興
總 編 輯　陳滿銘
副總編輯　張晏瑞
編 輯 所　萬卷樓圖書股份有限公司
排　　版　林曉敏
印　　刷　維中科技有限公司
封面設計　曾詠霓

出　　版　昌明文化有限公司
桃園市龜山區中原街 32 號
電話 (02)23216565
發　　行　萬卷樓圖書股份有限公司
臺北市羅斯福路二段 41 號 6 樓之 3
電話 (02)23216565
傳真 (02)23218698
電郵 SERVICE@WANJUAN.COM.TW
大陸經銷
廈門外圖臺灣書店有限公司
　　電郵 JKB188@188.COM

ISBN 978-986-94605-3-8
2019 年 1 月初版二刷
定價：新臺幣 340 元

如何購買本書：

1. **劃撥購書**，請透過以下郵政劃撥帳號：
   帳號：15624015
   戶名：萬卷樓圖書股份有限公司
2. **轉帳購書**，請透過以下帳戶
   合作金庫銀行 古亭分行
   戶名：萬卷樓圖書股份有限公司
   帳號：0877717092596
3. **網路購書**，請透過萬卷樓網站
   網址 WWW.WANJUAN.COM.TW

大量購書，請直接聯繫我們，將有專人為您服務。客服：(02)23216565 分機 10

如有缺頁、破損或裝訂錯誤，請寄回更換
版權所有·翻印必究
Copyright©2017 by WanJuanLou Books CO., Ltd.
All Right Reserved　　　**Printed in Taiwan**

國家圖書館出版品預行編目資料

獨龍江文化史綱：俅人及其鄰族的社會變遷
研究 / 張勁夫, 羅波著. -- 初版. -- 桃園市：
昌明文化出版 ; 臺北市：萬卷樓發行,
2017.03　冊 ;　公分. -- (芎野東南民族叢
書 ; A0202009)
ISBN 978-986-94605-3-8(下冊 ： 平裝)
1.少數民族 2.民族研究
535.408　　　　　　　　　　106004085